高校教学管理与教学质量保障体系建设研究

张赫男　蒋若薇　陈　胜◎著

吉林出版集团股份有限公司
全国百佳图书出版单位

图书在版编目（CIP）数据

高校教学管理与教学质量保障体系建设研究 / 张赫男，蒋若薇，陈胜著 . -- 长春 : 吉林出版集团股份有限公司，2025.1 . -- ISBN 978-7-5731-5701-0

Ⅰ . G642.0

中国国家版本馆 CIP 数据核字第 20247H7X59 号

高校教学管理与教学质量保障体系建设研究

GAOXIAO JIAOXUE GUANLI YU JIAOXUE ZHILIANG BAOZHANG TIXI JIANSHE YANJIU

著　　者　张赫男　蒋若薇　陈　胜
责任编辑　赵　萍
封面设计　李文文
开　　本　710mm × 1000mm　　1/16
字　　数　190 千
印　　张　11.5
版　　次　2025 年 1 月第 1 版
印　　次　2025 年 1 月第 1 次印刷
印　　刷　天津和萱印刷有限公司

出　　版　吉林出版集团股份有限公司
发　　行　吉林出版集团股份有限公司
地　　址　吉林省长春市福祉大路 5788 号
邮　　编　130000
电　　话　0431-81629968
邮　　箱　11915286@qq.com
书　　号　ISBN 978-7-5731-5701-0
定　　价　69.00 元

前言

随着高等教育事业的不断发展，高校已经成为拥有培养人才、科学研究和服务社会三大功能的综合体。与其他社会组织相比，高校有其特殊性，这些特殊性使得高校的管理工作具有复杂性。现在，管理已经成为影响现代学校发展的一个非常重要的要素，“向管理要质量、要效益”表达的正是管理在事业发展（包括学校事业发展）中的重要性。高校拥有积极奋发、开拓创新的管理队伍和高效能的管理体系，有助于提升学校竞争力，积极发挥大学的职能。高校管理工作的推进需要大批管理人员，管理人员是学校实现发展、迈向世界一流大学的重要推手。高校管理人员的素质和能力直接影响高校管理水平。

随着经济与科技的飞速发展，国内外竞争越来越激烈，集中体现在高等教育质量上。对于高校而言，要想提高就业率，实现持续发展，就必须向国家、社会、用人单位提供高质量人才。高校教育质量直接关系着高校的人才培养质量，提高教育质量已经成为众高校面临的主要课题。教学质量是教育质量的基础和核心，直接关系着高校人才培养质量和毕业生就业质量等。因此，提高教学管理水平和教学质量是高校急需解决的主要问题。

本书第一章为高校教学管理概述，主要从四个方面进行叙述，分别是高校教学管理的概念与内涵、高校教学管理的任务与意义、高校教学管理的工作机构与人员构成、高校教学管理的整体工作体系；第二章讲述高校教学管理方法，从三个方面展开叙述，分别是高校教学管理方法概述、高校教学管理的系统方法、高校教学管理的一般方法；第三章讲述高校教学质量保障体系的内涵与发展，从四个方面展开叙述，分别是高校教学质量保障体系概述、高校教学质量保障体系的基本理论、我国高校教学质量保障体系的发展历程、国外高校教学质量保障体系的特点与启示；第四章主要讲述高校教学质量保障体系的建设路径，从两个方面展开叙述，分别是高校教学质量内部保障体系、高校教学质量外部保障体系；第五章讲述高校教学管理建设，从四个方面展开叙述，分别是高校教学管理机制建设、高校教学管理制度建设、高校教学管理队伍建设以及高校教学管理信息化建设；第六章讲述高校教学管理与教学融合发展的策略实践，从三个方面展开叙述，分别是高校教学质量监控体系的建设、高校教学质量评估体系的建设、高校教学质量信息检测反馈体系的建设。

在撰写本书的过程中，作者参考了大量的学术文献，得到许多专家学者的帮助，在此表示真诚的感谢。由于作者水平有限，书中难免存在疏漏之处，希望广大同行指正。

目 录

第一章　高校教学管理概述

本章是高校教学管理概述，主要从四个方面进行叙述，分别是高校教学管理的概念与内涵、高校教学管理的任务与意义、高校教学管理的工作机构与人员构成、高校教学管理的整体工作体系。

第一节　高校教学管理的概念与内涵

一、高校教学管理的概念

教学可分为广义的教学和狭义的教学。广义的教学是一种特殊的教育活动，是指教的人指导学的人以一定文化为对象进行学习的活动。学的人和教的人分别包括相关的学习者和相关的教育者。狭义的教学即学校教学，专指学校中教师引导学生进行的、以特定文化为对象的教与学相统一的活动。狭义的教学主要是指各级各类和各种形式的学校中的教学，教师在教学活动中扮演组织者和指导者的角色。新时期的教学理念是教与学相统一，教融于学，教引导学，教组织学。

由上述内容可以看出，教学即在教育目的的规范下，由教师的教与学生的学共同组成的一种教育活动。

高校的教学管理包括宏观层面和微观层面。宏观层面的教学管理是指教育行政机关对各级各类学校及其他教育机构教学的组织、管理和指导。微观层面的教学管理主要是指学校内部的教学管理。本书所指的教学管理是学校内部的教学管理。

有了学校教育，就有了学校的教学管理。但迄今为止，人们对教学管理并没有形成完全统一的认识，各国学者对教学管理的表述也不尽相同。从现代教学管理实践来看，教学管理通常是由教学内容管理、教学组织管理和教学过程管理三个基本部分构成的。教学内容管理主要包括课程体制、教科书制度以及课程的设置与安排；教学组织管理主要包括教学管理组织系统的构成、教学人事管理和教学组织形式的选择；教学过程管理一般包括教学目标的设置，教学环境的管理，教学方法、手段的提倡或推行，教学效果评定等。本书的教学管理是指学校管理者根据教育方针、教学计划、教学大纲等的要求，运用现代科学管理理论、方法和原则，通过计划、组织、检查、总结等管理环节，对教学的各个方面、各个要素、各个环节进行合理组合，合理调配学校内部的各种教学资源，推动学校教学工作正常、高效率运转，以求实现教学目标的活动。

二、高校教学管理的内涵

课堂教学是一种有组织的教学形式，是师生之间的一种特殊的交往活动。课堂教学管理是对课堂教学的组织、协调、保障和促进的一系列活动。从一般意义上来说，课堂教学管理是指教师为了保证课堂教学秩序和效率，协调课堂中人与事、时间和空间等因素及其关系的过程。[①] 简而言之，就是保障和促进课堂教学有效实施的一切活动。

有关研究将课堂教学管理分为宏观、中观和微观三个层面。宏观层面的课堂教学管理主要是指以国家教学管理部门为主体对课堂教学的宏观把握、规范与导向，制定相应的课堂教学管理制度，如对教师课堂教学用语和奖惩权力的规定，对从事课堂教学的教师作出明确的知识、能力和品行等结构性要求，从事课堂教学的教师职业资格审定与颁发，为教师自身发展提供政策和环境支持，为课堂教学目标达成及其质量作出相应要求和规定，以及在整个社会环境中引导和融入尊师、重教和爱生的风气等一系列宏观性课堂教学管理活动。中观层面的课堂教学管理是指学校教学管理部门以及各级地方教育行政部门结合当地实际和学校现状，对本校、本地区教学制定和实施相应的管理方案，如本地、本校教学进度与教学目标要求，为师生制定教学规则，形成统一的课堂纪律模式，评估和监控课堂教学质量。管理主体主要是学校和地方一级的教学管理部门，如教研室、教务

① 施良方，崔允漷．教学理论：课堂教学的原理、策略和研究［M］．上海：华东师范大学出版社，1999.

处等对教师课堂教学的协调与组织提供建设性意见。微观层面的课堂教学管理是指在课堂中针对师生共同面对的一堂具体的教学课，对课堂环境的建构、课堂气氛的营造、课堂具体问题的解决、课堂教学目标的顺利完成与检验等各方面的协调与组织，其主要特点是教师和学生作为课堂教学的管理主体直接参与，并主要通过师生互动合作实现具有情境性的管理。

课堂教学管理概念中含有以下三个重要因素：一是课堂教学管理目标。课堂教学管理目标主要是保证课堂教学的顺利进行，促进学生知识、技能和人格的全面发展，课堂的终极目标是教育目的或教学目标，而直接目标是课堂秩序的维护和促进。二是影响课堂教学秩序的因素。影响课堂教学秩序的因素包括教师因素、学生因素和环境因素。调控好这些因素及其关系，教学活动的顺利开展、教学质量的提高、教学目标的达成就有了根本性保障。三是课堂教学管理的理念。课堂教学管理理念不仅是教师对学生行为的控制，还应当是对学生行为的一种促进，是对学生行为的激励和鼓励，最终使学生由他律转向自律，从而有利于学生的成长。

微观层面的课堂教学管理，就是师生对课堂中诸多具体的教学因素及相关因素所形成的各种关系进行协调、控制、整合和优化，使之形成更有序的整体，达到更好的教学价值与效果的过程。首先，从课堂教学管理的内容上来看，课堂教学管理可分为教学进度管理、课堂纪律管理和课堂文化心理建构。教学进度管理主要体现在教师的教学空间、时间、节奏和教学进度等方面的管理，包括教师把握学生差异性，实施因材施教，进行教学反馈、教学诊断等内容；课堂纪律管理主要指对课堂上出现的常规性和偶发性问题的合理解决，保障教学进度，营造有效教学气氛等；课堂文化心理建构主要是为前两者服务，通过形成良好的课堂教学传统和课堂教学文化对学生进行正向熏陶。其次，从课堂教学管理的实施角度来讲，课堂教学管理主要包括课堂教学中对教师教的管理和对学生学的管理。在教师教的管理方面，包括对教师角色规定、教师教态、教学技巧和教学效果的要求和引导，对教师在课堂中的教学行为表现作出适当的规定；对学生学的管理，需要根据学生的个体特点、学科要求和课堂环境因素对教学过程进行有效的组织、协调、决策和优化，建立必要的课堂常规，并对偶发的课堂问题行为进行必要的控制，合理地安排课堂教学时间与空间，使参与课堂教学的个体能在课堂教学中促进知识的传授、情感的体验和价值观的形成。

课堂教学管理对教学活动的效果有着十分显著的影响。有了良好的课堂教学管理，教学活动才能顺利进行，教师的教学积极性才能提高，学生的学习积极性才能得到相应的激发和提高。不少研究者对此进行了比较深入、系统的研究，有研究者把课堂教学管理理解为教室管理，也就是处理课堂教学环境中的人、事、物等因素之间关系的活动，这种观点更体现出对教学环境的控制与管理；也有人把课堂教学管理看作一个过程，是教师通过协调课堂内的各种教学因素，从而有效实现预定教学目标的过程；还有人认为课堂教学管理是一门技术和艺术，是教师管理教学情境、指导学生学习行为、艺术地组织教学过程的活动。在国外，课堂教学管理主要源自课堂管理的概念，比如，约翰逊等人指出："课堂管理是建立和维持课堂群体，以达成教育目标的历程。"古德（C.V.Good，1973）提出："课堂管理是为了实现教育目标而处理或指导课堂活动所涉及的问题，如课堂纪律、民主方式、教学质量、环境布置及学生社会关系等。"埃默（E.T.Emmer，1987）认为："课堂管理是指一套旨在促使学生合作和参与课堂活动的教师行为与活动，其范围包括物理环境的创设、课堂秩序的建立和维持、学生问题行为的处理、学生责任感的培养和学习的指导。"莱蒙齐（Lemlech，1987）主张："课堂管理是一种提供能够挖掘学生潜在能力和促进学生学习进步的良好课堂生活，使其发挥最大效能的活动。"薛夫雷兹（Shafritz，1987）认为："课堂管理是教师运用组织和程序，把课堂建设成为一个有效学习环境的一种先期活动和策略。"这些定义大多从课堂教学管理的对象角度分析了课堂教学管理的内容层面，规定了课堂教学所必需的"纪律、秩序维持，行为控制，环境建设，提高教学效率"等方面。①

综上所述，课堂教学管理是师生共同参与，彼此交往，有目的、有计划和多维度地协调课堂内外各种因素，生成性地实现教学目标的活动。在课堂教学管理过程中，通过师生共同努力综合组织调动多方面教学力量，发掘、利用和协调课堂中各种教学资源，为教学提供有益的课堂环境，形成和谐的课堂氛围，顺利开展课堂教学，并全面实现课堂教学价值。

---

① 陈时见．课堂管理论［M］．桂林：广西师范大学出版社，2002.

第二节　高校教学管理的任务与意义

一、高校教学管理的任务

任何管理都有自己特定的任务，高校教学管理的主要任务包括如下内容：

（一）确保教学的正确方向

全面贯彻党和国家的教育方针，全面提高教育质量，是学校的中心任务。教学管理要积极组织教职员工认真学习、理解并掌握党和国家的教育方针和有关部门制定的教育政策和法律，坚持学校的中心任务，按学校教学计划进行教学，向学生传授文化科学的基础知识和基本技能，发展学生的个性和体力，培养学生良好的思想品德和奠定科学世界观的基础，使全体学生得到发展和提高，确保教学的正确方向。

（二）保证教学活动有序进行

建立和健全教学工作的各项规章制度，排除外部对学校正常教学秩序的非法干预，维护正常的教学秩序。深化教学管理改革，建立科学的教学工作体系，引导和帮助教师树立正确的教学观、学生观和质量观，建立科学的教学质量评价体系，形成学校教学工作良性循环的激励机制。不断充实和更新教学设备，保证教学需要。

（三）加强教学科研工作

提高教学效率，做好教学研究和教改实验，引导教师进行科学研究，鼓励、支持他们更新教学内容，改革教学方法，运用新的教学手段和技术等。开展教师培训，提高教师的业务能力，总结和推广优秀的教育研究成果，促进教学工作的科学化、现代化，不断提高教学效率和教学质量。

二、高校教学管理的意义

教学是有计划、有组织的教师教与学生学的过程，是学校的中心任务，是教育学生的基本渠道。教学管理历来是学校管理的重要内容，也是学校领导者的基本活动。教学管理不仅是学校教学工作正常运行的基础和保证，而且在教师成长、教育改革等方面发挥着十分重要的作用。特别是对高等院校来说，教学管理的意义更加深远。具体表现如下：

（一）教学管理是学校教学工作正常运行的基础

现代学校的教学活动建立在一系列教学管理活动基础之上。教学场所的安排、教学设施的提供、教学人员的组织、学生班级的编制及课表的编排，均是教学工作不可缺少的条件，也是教学管理的内容。没有教学管理这一基础，就会影响正常的教学秩序，使教学工作遭到破坏。

（二）教学管理有助于带动其他各项工作的开展

教学工作在学校各项工作中处于中心地位。教学工作组织协调得好，不仅有助于建立稳定、正常的教学秩序，而且有助于带动其他各项工作。如果学校工作中心经常转移，教学管理时紧时松、时抓时放，学校就会处于紊乱无序的状态，教学上不去，其他工作也难以做好。

（三）教学管理能够促进教师不断发展提高

教师专业素质和教学水平的提高，有赖于教学工作中的锻炼。在学校，教师的主要活动是教学，科学、合理的教学管理能保证教师在教学活动中得到有益的锻炼，加速教师专业素质、教学水平的发展和提高。

（四）教学管理是教学质量提高的有效途径

首先，教学质量的高低固然与教师水平高低有关，但主要取决于教师的专业素质和教学技能技巧。只有加强教学管理，促进教师专业素质和教学技能技巧的提高，才能更有效地提高教学质量。其次，学校教学质量的好坏固然与教师的个体素质优劣有关，但更重要的是与整个教师集体发挥的能量大小有关。每位教师的能量只有在合理组合下才能充分发挥，而教学人员的排列组合正是教学管理的内容之一。最后，通过教学管理手段推广成功的教学经验和科学的教学方法，可以促进教学质量的提高。

（五）教学管理直接影响育人目标的实现

教学过程不是单向的知识传授过程，而是在教师指导下学生德、智、体、美劳全面发展的过程。良好的教学管理，有助于引导教师全面认识教学工作，正确处理教与学的关系，从而保证育人目标的实现，等等。

第三节　高校教学管理的工作机构与人员构成

一、高校教学管理的工作机构

（一）学校行政组织机构

学校的组织可分成两大类：一类是行政组织机构，是为了完成正常的教育教学任务、维持学校的正常运转而设立的；另一类是非行政组织机构，是为了配合、监督、保证学校各项活动开展而设立的。这两类组织互相关联，互相支撑，共同对学校的管理工作产生作用和影响。学校行政组织机构由以下几个部分组成：

1. 校长办公室

校长办公室是校长领导下处理日常校务的办事机构。其日常工作包括对外联系、接待、文件收发、报表统计、信息反馈等，通常设主任和干事 1～2 人。

2. 教导处

教导处为学校教育教学的组织管理机构，负责领导各教研组、年级组的业务工作，同时兼管学校与教学业务有关的科、室，如实验室、图书馆、文印室等。一般设主任、副主任若干人。

3. 政教处

政教处为管理学生思想工作，组织学校各种德育活动的机构。政教处对各年级德育工作的展开负有领导、管理和协调责任。通常设主任、副主任若干名。不是所有学校都设立政教处，有些学校就没有这一机构，学校德育活动由教导处统一协调。

4. 总务处

总务处组织和管理学校的后勤工作，包括安排经费的使用、学校的基建、校舍的维修、账目的支出和报销等，同时兼管学校的食堂、宿舍、校办工厂等。一般设主任、副主任和办事员若干人。

5. 教研组

教研组为学校的基层教学活动单位之一，负有组织本学科教学、开展教学研究活动、提高教师教学业务能力等责任。通常设组长一人。

（二）学校非行政组织机构

学校非行政组织机构如下：

1. 党支部

有些学校规模较小，不设党委而设党支部或党总支。党支部除了着重抓好学校师生的思想政治工作外，还对学校的教学、人事、财务管理等工作负有监督和保证实施的作用，同时参与学校重大问题的决策。

2. 工会、教代会

学校大都设有工会组织和教代会组织，其性质属于党政领导的群众组织。它们是党政联系群众的桥梁，负有下情上达、对学校工作提出批评和建议、推动学校民主管理、依据有关教育法律或劳动法律维护教师的合法权益、组织教师开展休闲活动等责任。

3. 共青团、学生会

共青团、学生会都是党领导下的群众组织，共青团由青年教师和符合年龄要求的学生组成，参加者须具备一定的条件；学生会通常由学生构成，一般没有严格的加入要求。这两种组织主要围绕青年教师或青少年学生的特点开展活动，活动内容可涉及思想教育、教学、文体活动、社会活动等。

4. 研究性团体

一些学校成立了相关的研究性组织，如教学研究会、专家协会等。对于这些组织，学校行政应给予必要的支持，使其对学校的工作起到积极的辅助作用。

二、高校教学管理的人员构成

教务处是学校教学管理的工作机构。教务工作是由一个人才群体承担的，这个群体的知识、智力、能力、年龄等结构的科学化与合理化，是实现教务工作最佳效能的基础。为提高教务工作的效率和形成教务工作合理的人员结构，我国各级各类学校都应根据自己学校的级别、规模和业务繁简而科学合理地安排教务人员，组建教务机构，不必千篇一律、千人一面。

教导处是我国教学教务工作的职能机构。教务工作的人员构成，按照一般学校的规模，应包括教导主任 1 人，教导副主任 1～2 人，还包括一般教务人员以及教导处所属各部门人员等。

教导主任是在校长领导下，具体组织学校教学、教务、思想政治教育工作的行政职能机构的负责人，是校长领导教学工作的主要助手。他的主要职责是：负责学校教学工作，协助校长制订学期或学年教学计划，以及学校发展预测和长远规划，并经常检查计划的执行情况；组织领导思想政治教育工作，协调各方面的教育力量，使之相互配合，做好学生的思想政治教育工作（有的学校成立了专门的德育处、政教处等，专管学生的思想教育工作，但并不削弱教务处的德育功能和作用）；组织领导教研组和班主任的工作，包括学生的学籍、招生、编班、升留级等工作，负责课程表、作息时间表等的编制，负责教师的考绩工作等。

教导副主任协助教导主任管理上述工作。

我国学校教导主任和副主任的任职条件是：坚持社会主义办学方向，贯彻国家的教育方针，具有一定的教育、教学实践经验，有教育学、心理学和教育管理学的基本理论知识，教学能力强，懂得学校管理规律，组织管理能力强，身心健康。

一般教务人员主要包括教务秘书和生活秘书。教务秘书在教导主任的领导下，负责师生档案和有关教学的业务管理工作以及教导处的日常管理工作。生活秘书是在教导主任的领导下，负责管理学生日常工作、体育卫生、生产劳动、值周、值日、转退休学、学生考勤、课间纪律等工作。

教导处所属部门人员构成，主要指实验管理员等若干人，图书管理员若干人，文印室打字员、文印员若干人。实验管理员负责管理各科的教学仪器、药品、标本、教具和实验室、仪器室、准备室的管理工作；图书管理员负责图书馆、学生阅览室、教师资料室的管理工作；文印室工作人员负责学校文件、材料、通知以及考试试卷的打印工作。

学校教务处工作人员和所属部门人员必须坚持社会主义办学方向，贯彻执行国家的教育方针；热爱教育事业，热爱本职工作，能够服务育人、管理育人；熟悉教务工作的常规，掌握所从事工作的内容、要求、方法和有关的规章制度等。

第四节　高校教学管理的整体工作体系

一、学籍管理

在我国，不论是义务教育阶段，还是非义务教育阶段，学生的学籍管理都是非常重要的工作。

（一）学籍管理的内容

第一，办理学生的报到、注册和填写新生学籍卡片或学籍表，签发学生证。学籍卡片或学籍表由教育行政部门制定。

第二，把学籍卡或学籍表按班装订成册，根据学籍表（卡），每学年初要编造全校学生总名册和分班名册。

第三，及时填写学生奖惩登记表。

第四，办理学生的休学、退学、转学、复学和毕业证（结业证）的发放工作。

第五，每个学生的学籍档案材料应当包括：学籍登记表、学生健康检查表、体育锻炼登记表、学生社会实践活动登记表和劳动技术教育登记表、奖惩记录、毕业生登记表、毕业证存根等。每学期结束时，要将学生的学习成绩、操行评语、出勤情况、受奖惩情况等逐一登记在学籍表上。学生因故休学、退学或转学，必须一一注明。

第六，教导处要设专人管理学籍工作。学籍材料要纵有纵档，横有横卷，学生个人的、班级的、级段的、学校整体的学籍要有条不紊，归卷管理。每个学生要专设“户头”，以便查阅。每个班级要单设一卷，以便查找。

（二）学籍管理的作用

学籍管理是教学管理者根据国家对学生德、智、体、美、劳全面发展的要求，按照一定的原则、方法和程序，对学生学习和各方面的表现进行阶段和全程的质量考核、记载、评价和处理，并按照相关政策和规章的要求，对学生入学、变迁、毕业等进行控制。学籍管理的作用包括以下三个方面：

1. 管理作用

学籍管理是按照规章制度进行的，对学籍的有关问题可以及时、准确处理，避免互相推诿、扯皮和拖拉作风的产生。教学管理者要秉公办事，不徇私情；学生在学籍管理规章面前人人平等。这样，学籍管理对学生的学习、思想和行动都具有一定的约束力和强制性，起着督促和管理作用。

2. 指导作用

学籍管理对学生的德、智、体诸方面有一定的规格要求。对入学、注册、升级、留级、降级、跳级、休学、复学、退学、转学、毕业、结业、肄业等均有明确规定。这能够有力地教育和指导学生自觉勤奋学习，使学生明确学习目标，激发学生的内在动力，调动学生学习的积极件和主动性。

3. 检测作用

在学籍管理中，对学生规格和考核办法均有明确规定。所以，学籍管理规章实际上是衡量学生是否完成课程计划所规定的学习任务，是否达到毕业和升级标准的一把尺子，对教学质量起着检测作用。

（三）学籍管理的原则

1. 学籍管理规章与学校实际相结合

学籍管理规章是根据国家的有关政策制定的，具有很强的政策性和强制性，各学校都应坚决执行。但由于各学校情况不同，可以根据校情制定学籍管理工作细则。

2. 严格要求与灵活掌握相结合

学籍管理要严格要求，坚持原则，绝不能敷衍马虎，姑息迁就。同时，对具体问题要慎重对待，对特殊问题要灵活处理。

3. 管理与教育相结合

管理是照章进行的，没有规章制度就谈不上管理，因此管理也是一种教育手段。管理和教育二者相互促进，相辅相成。一方面，要坚持严格管理；另一方面，要向学生宣传学籍管理规章，使其成为学生自觉行动的准则。

二、教学常规管理

（一）用教学工作计划管理教学

教学工作计划是教学工作的实施方案，是使教学工作有序化的重要保证，是顺利完成教学任务的必要条件。

根据不同层次，可以将教学工作计划分为学校教学工作计划、教研组工作计划和学科教学进度计划。

1. 学校教学工作计划

学校教学工作计划是全校工作计划的主要组成部分，规定着一个学期或一个学年学校对教学工作的基本要求，通常是在校长的领导主持下，由教导主任制订的。学校教学工作计划包括以下基本内容：

（1）对以往教学情况和当前社会要求的分析

这是教学工作计划的第一部分，着重对上学期或上学年的教学工作情况作全面分析，如取得了什么成绩、存在什么问题、经验是什么、教训有哪些，应明确具体地指出来，为本学期或本学年教学工作提供参考。同时，对于当前国家教学改革的形势、上级教育主管部门的政策要求，也应进行简要分析说明，以使教师和学生明白新学期或新学年教学工作的背景情况。

（2）本学期或本学年教学工作的目标和要求

在前一部分分析的基础上，制订出本学期或本学年的教学工作目标，作为全校教学工作的奋斗方向。目标要明确具体，切实可行。同时，教学工作的各个环节、各个方面的规范要求应阐述清楚。

（3）本学期或本学年教学工作的内容和措施

教学工作的内容包括本学期或本学年教学工作的项目、进程和各项工作的具体要求。教学工作的措施包括改善教学工作的领导措施、提高和培养教师业务能力的措施、改革教学思想和方法的措施、提高学生学习效率的措施、开展教学实验和学习他人经验的措施以及改善教学条件的措施等。计划既要制订得明确具体、重点突出，又不宜过于庞杂、面面俱到。

2. 教研组工作计划

这是各学科教研组根据学校工作计划的要求，结合本组具体情况，围绕改进教学、提高教学质量的中心内容，以研究教材、教法为根本任务制订的工作计划。教研组工作计划由教研组长负责制订，通常包括以下三方面内容：

第一，对本组以往教学工作所取得的成绩和存在的问题进行简要分析。

第二，对本学期或本学年改进教学工作的设想和教学研究活动的内容进行说明。

第三，规定每次教学研究活动的内容和时间，如集体备课的常规安排，专题讨论的内容和次数，公开教学的次数、内容和承担者，经验交流的安排等。

3. 学科教学进度计划

学校教学工作计划和教研组工作计划最终要落实到教师个人的教学上，因此学科教学进度计划直接关系着学校工作计划和教研组工作计划的完成情况。学科教学进度计划包括以下三方面内容：

第一，对以往学生掌握基础知识、基本技能的情况和能力发展情况的回顾，以及对本学期或本学年学科知识体系、重难点的分析。

第二，制定本学期或本学年的教学目的、要求，并明确学生应掌握的知识内容和发展能力的要求。

第三，编制具体的教学进度表，写明章节题目、所需课时、起止时间等。

（二）教学工作各环节的管理

教师的教学工作通常由钻研课标、备课、上课、作业、辅导、考试等环节组成。

1. 钻研课标

课标以纲要的形式规定着有关学科的教学目的、任务、内容、范围、进度、时间分配和教学方法上的具体要求等。通过钻研课标，教师能从总体上掌握教材体系和教学要求。钻研课标是教师备课的重要组成部分，是上好课的前提。教导处和教研组要对教师钻研课标提出要求，作出规定。首先，对于每堂课的教学课标，相关任课教师要人手一份并认真阅读领会；其次，应组织教研组进行讨论；最后，可请有经验的教师或专家做辅导报告。

熟悉课标和教材，就是对课标和教材要从具体到抽象、从抽象到具体去钻研，通过反复比较、分析、综合、概括，联系起来思考研究。对于教材中的一些基本概念，要弄清它的内涵和外延；对于一些规律性的基本知识，如定理、定律、法则、公式、原理等，要弄清是如何论证或推导出来的，以及运用范围如何等。熟悉教材是一个反复研究、逐步深入地掌握教学内容的过程。

2. 备课

在教学过程中，教师通过发挥主导作用，完成自己的教学任务。但是教师发挥主导作用是有条件的，一般来说，应具备基本条件：一定的思想品德修养、一定的科学文化知识、一定的教育理论水平、一定的教学业务经验等。但是这些都是教师发挥主导作用的可能条件，只具备这些可能条件，而不去备课，没有形成讲解教材的实际教学能力，仍然不能顺利地完成教学任务。这是因为教学不是随意的活动，而是根据具体条件，按照确定的教学目的和一定的教学规律开展的教学活动。无论教师的科学知识多么丰富，也不能把自己原有的知识不加甄别地教给学生。

教师通过备课，在具体研究和掌握教学特点、教学目的、教材内容以及学生情况的基础上，才能把自己的思想修养、文化知识、教育理论知识及教学经验化为每个单元教材的教学能力。教师原有的基本条件只能说是可能的教学能力，教师的备课就是把可能的教学能力转化为现实的教学能力的过程。

备课质量直接决定着上课质量，教导处和教研组要加强对教师的备课管理。根据我国教育工作者多年来总结的经验，备课应从三个方面进行：一是备教材。教材是课标内容的具体化，是教学的依据。要上好课，必须吃透教材，即掌握教材的体系结构，每单元的目的，每一课的重点、难点以及成为重点、难点的原因，难点难到什么程度等。二是备学生。要对学生的来源、学生的知识基础、学生的智力情况有全面的了解。三是备教法。在对教材重点、难点和学生情况了解的基础上，考虑有利于学生掌握教材内容的教学方法。

3. 上课

上课是向学生传授知识、训练学生技能的直接过程，是教师钻研大纲和备课的主要目的，因此应注意管理好课堂教学。除了制定必要的课堂规则外，学校还应从本校实际出发，制定出能被教师接受的一堂好课的标准，以此作为衡量教师上课质量的尺度。一堂好课的标准应从以下方面考虑：教学目的的确立和实现、教学内容的处理、教学方法的应用、教学过程的组织、教学效果的好坏程度及教学语言、板书等情况。制定标准，既为衡量教师的教学确定了尺度，又可促使教师努力提高教学质量。

4. 作业

作业是上课的延续，是巩固所学知识并形成技能、技巧的重要方面。对于作业，在管理上应要求教师做好三点：一是作业的布置。布置作业要以教科书为依据，无论是课内作业还是课外作业，都要以教材练习为主。一般情况下，不能离开教材另出作业题，作业的分量要适当。二是要对作业进行指导。教师指导作业，要积极引导学生分析问题，启发学生思考，促使学生主动寻求解决问题的方法，而不是要教师把现成的答案告诉学生。三是认真批改作业。在批改作业时，要把带倾向性的错误记录下来，并针对错误进行评讲。

5. 辅导

辅导是上课的补充，是对学生知识的查漏补缺，也是贯彻因材施教原则的重要途径。辅导应有针对性，通常情况下是抓两头带中间。一是对于程度较差、理解教材有困难的学生，应重点辅导。教师应首先调动学生的积极性，使其积极思考，然后由浅入深耐心地为学生讲解教材。二是对于优等生，应启发他们寻求多种解题方法，并适当增加作业分量和难度。此外，应指导学生读一些课外书籍。

6. 考试

考试是教学工作的重要环节，是评定学生成绩和了解学生情况的途径之一。

考试分为平时考和阶段考。平时考是指在上课过程中对某一方面的内容进行测验，它的好处是能及时了解学生掌握知识的情况。阶段考是指期中或期末进行的总结性的考试。在学生的总成绩中，平时的考试成绩应占一定比例，这有利于全面地反映学生的学习情况。

学校管理者对考试的管理应采取以下措施：掌握试题难易程度和分量，规定教师出A、B两套试题，要求教师做好试题标准答案，做好试题保管和保密工作，制定考场规则并组织好考试工作。

三、教务行政管理

教务行政管理在教学管理中属于一项基础性工作。教务行政工作主要包括招生、编班、编排课程表、教学档案管理等内容。

（一）招生

招生是按照上级教育部门的有关政策规定和招生计划，在校长领导下，于学年末进行的一项工作。招生的具体工作由教导处负责组织进行。招生工作的程序是报名、试题保管、考试座位编号、监考、试卷评阅、录取新生和发通知书等。

招生是一项政策性很强的工作，每一项工作都必须依规定执行，丝毫不能出差错。因此，必须对每个环节的工作进行严格管理。考试前要特别注意试题的保密，考试时要防止舞弊，阅卷后要根据德、智、体全面衡量的原则录取新生，杜绝不正之风。

（二）编班

教学班是进行教学活动的基本组织形式。编班的质量对以后的教学活动质量有一定的影响作用，因此要重视编班工作。学校要按照录取学生的不同专业，对其进行编班。

（三）编排课程表

课程表是学校教学工作的“调度表”，它决定着一天、一个星期、一个学期的课堂教学安排，起着组织教师、学生活动的作用。课程表对建立学校正常的教学秩序、保证与教学有关工作有条不紊地进行有着重要意义。

课程表编排的合理性和科学性与稳定教学秩序、提高教学质量有着非常密切的关系。

（四）教学档案管理

教学档案是考查教学工作、检查教学质量、评定教师工作成绩的重要资料。教学档案主要包括教师教学档案和学校教学工作档案。

1. 教师教学档案

教师教学档案的主要内容为教师的基本情况，每学期的任课门类、节数，班级、教学工作计划和总结，班主任工作计划和总结，专题经验总结，观摩教学的教案，听课记录，期中期末考试试题及试卷分析，教学进度计划，教研成果，发表的文章和出版的著作等。

2. 学校教学工作档案

学校教学工作档案的主要内容有学校各种教学计划、总结、经验材料、报表、期中期末考试试题、毕业生去向名册、学生期中期末考试成绩统计、新生入学成绩统计、升学考试的各种数据统计、学生班级日志、教导工作日志等。

教学档案要分类编号，长期保存，设专人保管并定期清理。

四、考务工作管理

（一）教学检查

1. 平时检查

平时检查指的是对学校的教学工作的日常检查。教学检查的形式很多，但不管何种形式的检查，都不如平时检查那样不拘泥于形式。相比较而言，平时检查更容易了解教学中的实际情况，观察到教学中的优点与不足。因此，平时检查是开展教学检查活动的一种重要的基础性检查方式。针对教师的教学情况，平时检查的形式很多：可以通过观察的方式进行检查，可以通过测验情况及分析进行检查，也可以通过谈话备课、教案、教学计划、教学情况、教学效果、同行与学生的议论得到检查。平时检查既适合教学主管部门的随时抽查，也适合授课教师的自我检查，如授课教师可以通过日常对学生的学习情况的观察、课堂教学的提问、学生作业的检查、师生课余的交谈等发现问题，并在自己的教学中努力加以克服与解决。校长、教务处、教研室等组织中负责教学的相关人员也可以采用平时检查的方式，通过观察、交谈、实地抽查、观摩等，掌握实际教学的第一手材料，以便使教学工作取得更多更好的进展。由于平时检查容易发现教学工作的真实情况，又不拘泥于形式，随时随地都可以进行，因此在实际教学检查中应对这种检查方法给予足够的重视，应当把定期检查与平时检查结合起来，统一于具体的教学检查之中，以保证教学检查的科学性与客观性，获得教学检查工作的真实成效。

2. 期中检查

学校教学检查的类型多种多样，期中检查是其中比较重要的一种教学检查形式。期中检查指的是学校为改进教学工作、提高教学质量而采取的在学期中间集中检查教学工作的一种工作方法。它是检查教师的教学水平及学生的学习成绩的一种有效手段，对于提高教师的教学质量具有积极的推进作用。无论在主要内容上，还是在组织形式上，它都有自己的独特之处。

（1）主要内容

期中检查的主要内容是结合期中考试，检查教师的备课、讲课、辅导及作业批改等情况，检查教学研究工作和教学进度情况等，并通过分析期中考试成绩，检查学生的学习质量和学习负担，便于学校领导和教师及时发现教学工作中存在的问题，有针对性地制定改进学校教学、科研工作的具体措施，有的放矢地促进学校教学工作的顺利开展。

（2）组织形式

期中检查的组织形式主要有领导检查、教师相互检查、自我检查等。领导检查队伍主要由学校校长、教学主任及各教研室主任组成，主要负责全校期中检查的宏观检查。教师相互检查主要指同年级的教师之间的互查，其目的是找出差距，以便更好地提高教学质量。自我检查是教师自我的检查，主要通过期中考试成绩总结自己教学工作的成败得失，发现问题，解决问题。

3. 期末检查

期末检查指的是学校为提高教学质量、总结全学期工作的经验教训而采取的在期末全面集中地检查教学工作的一种工作方法。期末检查是学校教学检查工作的一个重要内容，也是检测教师的教学质量并促进教学工作质量更进一步提高的一种有效措施。通常来说，期末检查主要包括以下几方面内容：

第一，组织期末总复习，并结合期末考试情况，检查总复习计划的科学性与合理性。

第二，研究和审查各科试题情况，并根据统计和分析考试成绩，检查和分析全学期教学工作的主要成绩和存在的问题。

第三，根据学生的考试成绩，审查与确定升、留级以及试读生名单等情况。

第四，检查教研室和教师的教学总结，分析全学期教学工作的主要成绩和问题，还可以适当检查师生的假期活动计划情况。

第五，拟定下学期工作计划。期末检查一般是对全学期教学情况进行的整体性全面检查。期末检查的常用方法有听课、汇报、开调查会、座谈会、家长会、考试分析、作业分析、教学笔记或教案分析、教改试验分析等。

（二）考试管理

教学活动是教师与学生的双边活动，教师的“教”只是活动的一个方面，教师将人类几千年来积淀下来的知识转化成学生乐于接受的知识，并且培养学生的能力。要想完成这个转化，教师首先要切实以教学大纲和教科书为依据，向学生传授知识、技能的情况（信息输送）。同时，一定要通过系统的平时检查与定期考试，了解学生掌握知识、技能的情况，以及自己的教学效果（反馈）。这样，教师的教和学生的学就构成了传递与返回的反馈系统。学业成绩检查和评定有两种方式：考查和考试。

1. 考查

考查指的是平时在课堂教学、课外作业的辅导以及课外学习小组活动中对学生学业成绩进行的检查。考查除了具有一般检查和评定的重要意义外，还具有及时和经常两个特点。经常有计划地考查，可以收获以下效果：一是使教学做到有的放矢；二是根据教学反馈，采取有力的措施，纠正学生的学习偏差；三是促使学生天天复习功课，养成良好的学习习惯；四是可以减轻学生的学习负担。通常使用的考查方法有课堂提问、书面测验、作业检查、日常观察、实验操作等。

2. 考试

考试是根据一定的目的，让学生在规定的时间内，按指定的方式解答选定的题目，并对解答的结果进行等级划分，从而向教师提供学生某方面知识的能力状况信息。这里谈的考试是相对于平时考查而言的集中考试或正规考试。由于平时考查的目的在于发现每节课或单元教学目标的实施情况，以便及时调节、控制教学活动，因此试题可由教师自己选择。而集中考试和考查不同，它具有自身的特点和功能。考试是检查与评定学生学业成绩以及教师教育教学效果的一种带有总结性的手段，是调节学生学习、改革教学、提高教学质量的依据，也是实现各级各类学校的培养目标、贯彻全面发展的教育方针、培养“四有”人才不可缺少的措施，由此决定了考试具有特殊的培养和选拔功能。

就其形式而言，考试有闭卷考试、开卷考试、口试和实际操作考试。这四种考试方式各有利弊，在教学管理中必须扬长避短，结合学科特点和学生的年龄特征灵活运用。

（1）闭卷考试

在主考人的严格监视下，要求学生在规定的时间内，按照试题要求，不查阅课本和任何参考资料，独立思考之后对试卷作出书面回答。这种考试方式有利于培养和提高学生的独立思考能力和逻辑思维能力，有利于学生对所学知识的巩固和掌握，在单位时间内，测试对象多，效率高。闭卷考试也有其局限性，如不能通过考试选拔不同能力的特殊人才。

（2）开卷考试

允许应试者根据考试命题翻阅课本和参考资料，独立思考，进行书面解答。开卷考试方式适合检查学生对某些问题是否有创见，从而检查学生的创造性思维能力、批判性思维能力和解决实际问题的能力。它的突出优点是：能扩大学生的视野范围，让学生吸收更多的信息；学生的创造精神会得到检验并有所提高。但它对教师和学生的要求也进一步提高，因为开卷试题不能简单地回答是与非，它要求教师所出的试卷保证命题质量。针对开卷考试，教师的教学方法要注重培养学生的能力。此外，要提高开卷考试的效果，命题的改革是关键，题目要难度适当，要做到不偏不怪，有一定的灵活性。

（3）口试

口试是根据教学大纲的要求，编出适量的试题，然后按照试题性质、难易程度及题目的大小进行搭配，组织出许多考签，让学生抽签作答，每个考签上一般是2～3道题目。口试题的范围应尽量囊括教材的全部基础知识和基本技能。这种考试的优点是：学生可充分叙述所掌握的知识，可根据题目的要求进行充分的阐述和论证；教师可直接看到学生的反应，可补充提出质疑的问题，便于检查学生思维的敏捷性、逻辑性和语言的流畅性、推理的严密性。但口试也有缺点，如评分标准不好掌握，适用范围较窄。

（4）实际操作考试

实际操作考试主要是为了检查学生按照考试要求运用学过的理论知识解决实际问题的能力，多用于理工科，如绘图、安装、实验、制作模型或进行操作等。这种考试有利于学生理论联系实际，有助于培养学生的动手能力，能有效地巩固学生所学知识。它也有不足，如耗费时间较多，如果引导不当会使学生重感性轻理性。

五、教学质量管理

教学质量是制约教学过程的主要因素，教学质量管理的好坏直接影响教学环节的成败。因此，教学质量的管理要着眼于教学过程各环节的教和学的质量。只有教学过程中各环节提高质量，学生的学习质量才能得到提高。学校进行教学管理的根本目的是提高教学质量，而学校教学质量的高低是衡量学校教学工作优劣的客观尺度。所以，教学质量的管理是教学管理的基础。

（一）确定教学质量标准

教学质量管理实质上是按一定的标准对教学进行的指导、控制活动。因此，确定质量标准显得重要。这个标准的重要意义在于，它既是教学要达到的目标，又是检查教学的依据。没有标准，工作就没有方向和目标。教学质量标准是教学工作必须努力达到的目标，教学结果接近、达到和超过这个目标的距离，表示教学质量提高的程度。制定教学质量标准时，必须在教育目标和教育任务的指导下进行。教学的对象是人而不是物，培养人的过程是一个极其复杂的过程。所以，教学质量标准不是自发形成的，也不是主观臆断制定的，而是通过深入研究，在取得可靠资料的基础上制定出来的。

以上是制定教学质量标准的总依据，从具体方面来说，教学质量标准的制定要考虑两点要求：一是在学生原有的知识基础上提高到教学大纲要求的目标，这是一个基本的、规范性的要求，全体师生都应达到这一要求；二是在达到教学大纲要求的基础上再提高的目标，这是部分学生在达到教学大纲要求基础上向知识的广度和深度发展的目标。

（二）教学质量检查

教学质量检查因时因地有多种方法，通常采用如下两种：

1. 了解教学情况

了解教学情况包括听课、检查教师备课情况、检查学生作业本、召开学生座谈会等。

听课是管理教学质量最基本的方法，也是校长、教导主任最基本的工作内容。要准确地了解教师教的情况和学生学的情况，校长和教导主任应经常深入课堂，并把每学期的听课节数作为制度规定下来。领导听课有时可预先通知教师，更多的时候是不通知教师，以便了解真实情况，即听课要做到有目的、有准备，听课要做好记录，课后在重要内容方面要与教师交换意见。

检查教师备课情况和学生作业本以及召开学生座谈会等也是了解教学情况的重要手段，学校管理人员应经常交替使用。

2. 建立学生学习档案

新生一入学，就必须建立学习档案，把原来学生升学考试的成绩整理出来，以供管理人员和教师了解学生原来的知识情况。以后每学期的考试成绩都要填表存档，以便随时检查和针对情况组织教学。学习档案也为学生毕业时的总结评价提供了依据。

学生学习档案通常有两种类型：一是表册制，即按年级安排编制学生成绩表，每次考试的成绩填入相应的栏目内，成绩表又包括总表和分表；二是户头制，即给每个学生制一张卡片，栏目设计可根据具体情况来确定，每次考试成绩填入相应的栏目内。此外，班级内还可制定学生知识缺陷表、学生掌握基础知识进度表等，或者把两者综合起来反映学生全面情况的总汇表等。

（三）教学质量分析

教学检查的目的在于对教师的教和学生的学进行科学的分析，找到问题的症结所在，从而改进教与学，提高教学质量。

1. 教学质量分析的内容

（1）分析教和学两方面情况

一般来说，教学质量取决于教师的教和学生的学。有时又表现出这样一些情况：有的教师能力有限，教学效果差，但学生由于自己勤奋努力，或由于家长辅导，学习成绩很好；也有的教师教学水平很高，而学生不努力导致成绩差。由此可见，教学质量是由教师和学生两方面决定的，故要从两方面分析原因。

（2）分析教材特点

分析教材应从两个方面着手：一是现在的教材与过去的教材相比有何特点，内容是深了还是浅了，和整个学科理论体系的关系怎么样；二是现行教材是不是学生的知识基础、智力水平所能接受的。

（3）分析各门课程在各班的成绩分布情况

统计各课程在各班级的平均分数和平均分的上升率与下降率，以便分析某一学科在某一班级的教学质量状况及学生成绩的发展趋势。统计各班的同一课程中作业或试题的正确率和相同的错误率，以便分析了解学生的学习情况和教师的教学情况。

（4）分析学生掌握知识的质量

分数只能有限地说明学生的学习情况，要充分地分析、掌握学生的学习情况，还要分析学生掌握知识的质量，这主要指分析学生掌握知识的深度和广度。具体来说，就是分析学生对教材掌握的程度，对基本技能掌握的程度和熟练程度，以及所具有的课外知识水平。这是更综合、更抽象的分析，标准也只能是相对的，衡量尺度往往是描述性的。

2. 质量分析方法

（1）层次分析

这是把分析对象由个别到全体划分成若干层次，然后逐一分析。例如，先对各个教师和学生的情况作出分析，然后对教研组和班级作出分析，在此基础上再对全校教与学的情况作出分析。颠倒如上顺序进行分析也行。

（2）对比分析

这是把两个或两个以上的对象或同一对象的前后情况进行比较的分析方法。对比分析这包括两种情况：一是分析并列的两个对象，如把大二（1）班和大二（3）班同时进行分析，可称为横向对比分析；二是分析同一对象的前后两个或两个以上的情况，如把大二（1）班本学期的情况和上学期的情况进行分析，可称为纵向对比分析。在对比分析中涉及若干具体内容时，还要考虑定量和定质等问题。

（3）动态分析

提高教学质量的过程是一个动态的过程，为了掌握教学质量的变动情况，可按考试时间顺序，对全体学生或随机抽取一部分学生某阶段的学习成绩，求出每次考试的平均成绩，画出质量动态图，以便观察、分析教学质量的发展变化情况。

学校教学管理的内容之一是要分析研究质量变化的各种情况，从而找到问题，以便创造条件不断提高教学质量。

（4）原因分析

制约教学质量的因素有很多，如教师方面、学生方面、教材方面、教学手段方面等。各个阶段教学质量不同的原因究竟是什么，就要具体情况具体分析，常用的分析方式是：把影响教学质量的各种原因找出来，按类别加以整理，绘制出原因分析图，也叫“因果图”，这样的图画出来后很像鱼刺，又叫“鱼刺图”。

动态分析、原因分析往往要形成图形，因此它们有直观、明确、一目了然的优点。

分析教学质量的目的是弄清原因，找到成功的经验和失败的教训，进一步探讨提高教学质量的途径和工作的重点。管理工作正是要在提高教学质量的途径和工作重点中发挥职能作用，根据质量分析，确定需要特别加强管理和控制的重点环节，抓好关键工作。

六、教学研究管理

教学研究管理指的是学校管理者组织和领导全体教师积极地、协调一致地、卓有成效地开展教学研究，并实现预定的教学研究目标所进行的工作。其内容大体上可分为以下三个方面：

（一）制订教学研究目标

要做好教学研究管理，首先要引导全体成员制订好教学研究的目标。教学研究目标是教学研究管理的出发点和归宿，是全体成员进行教学研究的“航标”及对教学研究结果进行评估的准绳。离开了它，教学研究管理就会出现盲目性和随意性，失去管理的方向和依据。可见，制订教学研究目标是管理的首要任务。

1. 目标的制订要符合主客观实际，具有可行性

“一切从实际出发”是做好管理工作的首要原则。所以，教学研究目标必须符合本校的实际。如果拟定的目标不符合实际，所开展的教学研究就不能有效地推动本校教学工作的改进。这里所指的客观实际包含两方面内容：一是要充分理解党和国家的教育方针、政策、法律法规，使教学研究目标与我国教育现代化的需要相适应；二是要充分了解本地区、本校的教学实际（教师的教、学生的学、教学的历史和现状等），只有从本地区、本校的实际出发，充分考虑本地区、本校在教学中需要解决的问题，制订出来的目标才不是“空中楼阁”。一般来说，研究力量比较雄厚的学校可以组织专门力量，就有关教育方面的重大问题进行理论的研究和探讨；不具备这种条件的学校则应主要选取与本校教学实际接近的课题进行研究，这样的目标虽然不是轻而易举就能达到的，但只要通过自身的积极努力和创造性的实践活动，就可以在预定的时间里达成。通过努力能达到的目标具有增强成员自信心的作用，并能激励成员在达成目标后为实现更高的目标作出更大的努力。

2. 目标的制订要有鲜明的导向性和先进性

任何一个管理系统所要达成的目标，对于全体成员来说都必须带有明显的导向性。导向性是指目标要符合教学研究的大方向，立足于我国的教育实践，放眼世界和未来，力求为我国的社会主义现代化建设作出贡献。只有沿着这个大方向

前进，教学研究才有广阔的前途，研究成果才有可能为教育事业的发展作出贡献。先进性是指目标显示的前景要优于现状，目标所要解决的问题是在沿着教学研究的大方向前进中前人不曾解决的问题（至少是本地区或本校尚未解决的问题）。要达成此目标，需要成员积极努力，付出创造性劳动。因此，目标的先进性能鼓舞成员奋发向上、积极进取。

3. 所制订的教学研究目标要有层次性

一所学校的教学研究与实验必须有总体目标，这是毫无疑问的。但是为了达成总体目标，还必须将其分解为各有关群体（如学科教学研究组）及其成员的单项目标或低一级的子目标。同时，不论总目标、单项目标还是低一级的子目标，都应包括长远目标、中期目标和近期目标（也可以说长远规划目标和近期要求目标）。这样，就组成了一个有层次的目标系统。

教学研究目标的层次性反映出这些目标的从属关系，整体目标决定了单项目标或子目标，长期目标决定了中期目标与近期目标。目标的层次越低，内容越具体，可操作性就越强。而各类目标又有不同的意义和价值：总体目标具有方向性作用，它体现了总体要求，而其他各类目标是实现总体目标不可缺少的部分。没有具体目标的落实，总体目标的实现就成了一句空话。因此，具体目标的落实是教学研究管理的关键。

具体目标从哪里来？答案是：必须从教学实际中来。具体来说，第一，必须遵循党和国家的教育方针，研究教学诸环节中影响教学质量提高的各方面问题。第二，通常情况下，对于大量的研究内容，要思考如何吃透教材，如何改进教法，如何在课堂教学中掌握教材的重点、难点，提高课堂教学质量。第三，根据当前的教改方向，结合本单位实际，确定教改实验和专题研究。第四，开展形式多样、丰富多彩的单项教研活动，如优质课评选活动、教学基本功比赛活动、接待课活动（接待教研协作区教师听课、研究）、启发式教学大练兵活动、向 45 分钟要质量活动等。实践证明，只有从教学实际出发，把教学研究内容落到实处，才能受到广大师生欢迎，教研活动才有生命力。

（二）抓好目标实施过程中的“三个落实”

1. 组织落实

任何目标都需要通过一定的组织形式才能顺利实施，抓好组织落实是实施教学研究管理的重要环节。学校应成立由学校校长或教导主任领导的学校教学研究室或教学研究小组，负责全校的教学研究组织与管理事宜。同时，通过校教研室加强对教研组的教学研究活动的管理，因为教研组是教师进行教学研究的组织，是学校教学系统的基层组织，学校的教学研究都是通过教研组具体实施的，它直接影响教学改革的进程与教学质量的提高。

一所学校的教研活动和教改实验能否扎扎实实、卓有成效地开展起来，教研组长起着十分重要的作用。组建教研组的一项极为重要的工作是确定好教研组长，应当通过自由竞争或民主选举等形式把那些政治思想好、业务能力强、热心于教学研究、有奉献精神、在教学中有较高威望并有一定的组织能力、责任心强的优秀教师选拔到教研组领导岗位上来。

为了使学校的教学研究活动牢牢地扎根于广大教师之中，学校领导还要有意识地培养一批教学研究的积极分子和骨干力量，对他们要交任务（包括学习任务）、教方法，在“实战”中对他们传、帮、带，提高他们的教研能力。通过他们带动大家积极投入教研活动，并使教研活动广泛持久地开展起来。这也是组织落实中不可忽视的一环。

2. 制度落实

制度落实是搞好教学研究管理的关键。只有建立健全、切合本校实际的各项规章制度，才能保证教研活动正常开展。学校领导应当制订全校的教学研究规划的实施方案，并要求各学科教研组根据学校提出的要求，结合本组实际制订出教研工作的整体规划，每学年或每学期要有活动计划，每个教师要根据教研组计划结合本人实际制订个人教研计划和奋斗目标。学校要建立集体备课制度（要明文规定集体备课时间）、听课制度（包括观摩课、研究课）、学习制度（学习教学研究的有关理论、大纲、教参以及外地先进经验）、教研档案制度。这一切都必须做到“三实”，即从实际出发、实事求是、讲求实效。在抓制度落实中，还有两项十分重要的工作要做好。一个是管理者要在制度上保证为教师提供发言和表现才华的机会。例如，召开教学研究经验交流会，让教师介绍经验，交流研究成果，发表自己的见解；利用校内刊物作为学术研究、交流经验的园地；举办各种学术报告会，介绍专题研究成果或实验总结和论文。事实证明，只有为教师提供充分展现自己才能的机会，让那些教学研究有成绩、有成果的教师显露“头角”，才能激发广大教师开展教研活动的积极性。这是活跃学术空气、提高教学研究水平的重要手段。另一个是在条件许可的情况下，通过“走出去、请进来”的方式，学习外地外校的好经验，不断用“新鲜血液”给广大教师加强“营养”，提高他们的教学研究能力。

3. 检查落实

管理科学告诉我们，任何工作只有布置而没有对工作效果的检查是不行的。在学校里，当教学研究没有成为自觉行动之前，往往被看作不同于教学的软任务。因此，对教学研究的检查尤其重要。管理者不应把此项工作单纯地视为管理者与被管理者的对立行为，而应该参与教学研究与实验，把检查、监督与共同研讨、面对面指导结合起来；把竞争机制引入教研活动中，制定教师的教研量化考核办法，并把教学研究的成绩与对教师的奖惩结合起来，与教师的晋级、评先结合起来，以充分激发每位教师教研的积极性、主动性和创造性。

（三）提高学校管理者的素质

尽管教学研究活动的开展是靠教师进行的，但教学研究的有效组织和管理是不可缺少的。为什么长期以来高校缺乏教学研究的风气？根本原因是缺乏教学研究的组织和管理。而能否有效组织和管理学校的教学研究，在很大程度上取决于学校管理者素养的高低。提高学校教学研究管理人员的素养，首先要加强管理者的思想建设，增强做好教学研究管理的事业心和责任感；还要认真学习教育方针和教育法律法规、政策，明确改革方向，增强改革意识。其次，要刻苦学习现代教育思想、教育理论，懂得教育规律。最后，要学习系统论、控制论、信息论等管理科学的理论基础及现代管理原理，提高管理者的教学研究管理的业务水平。

1. 要有做细致思想工作的能力

抓教学研究和抓其他工作一样，离开了细致的思想工作是抓不好的。教学研究和实验是高层次的创造性劳动，没有对教学研究的执着追求和奉献精神，是做不好工作的。这要求领导者和教师做知心朋友，关心爱护他们，并做深入细致的思想工作，激发他们积极投入教学研究的热情。

2. 要有敏锐的观察力、锐意改革的精神和创造能力

只有具备敏锐的观察力，才能在当今教改形势迅速发展、新信息层出不穷的情况下始终掌握时代的“脉搏”，以教改的新成果、新动向、新思想来组织和领导学校的教学研究与实验。只有不断用新出现的先进教学思想、教育理论武装自己，才能更好地完成整个学校的教学工作。

3. 要有制订学校教学研究工作计划与总结的能力

科学地制订好学校的教学研究工作计划，是衡量教学研究管理水平的重要标准。经常总结教学研究与实践工作的经验教训，是提高教学研究与实践管理工作效率与水平的必经之路。因此，管理者在制订计划和总结的过程中，要深入课堂、深入教研组认真地调查研究，掌握教学各方面的情况，并及时发现普遍性问题，如此才能抓准影响教学研究质量的主要矛盾，不断提高教学研究工作计划和总结的能力。

4. 要有高水平的评课能力

对学校的管理者来说，评课能力是极为重要的。因为课堂教学是教学诸环节的中心环节，它集中地反映了一个教师的教学能力、业务水平和教学经验。经常听课是提炼教学研究课题的重要途径。听课后要评课，共同研究改进教学的办法。评课的过程就是对具体的教学进行研究的过程。高水平的评课能为教师指出教学研究的努力方向。因而，作为教学的组织领导者，要花大气力、下大功夫学习有关理论与技巧，不断提高自己的评课能力。

5. 要有抓好教学研究试点的能力

经验告诉我们，一项改革措施，如制度方面、教材方面或教法方面的改革，是否符合客观规律，是否能在全校广泛实施，应先在小范围内实验，再视其效果确定具体实施方案。因此，无论抓哪一项改革实验，学校领导都应集中精力，先抓好一两个试点（班），在点上取得经验或成果后，再在全校推广。可见，抓好试点的能力也是管理者在教学研究管理中不可缺少的。

第二章　高校教学管理方法

本章讲述了高校教学管理方法，从三个方面展开叙述，分别是高校教学管理方法概述、高校教学管理的系统方法、高校教学管理的一般方法。

第一节　高校教学管理方法概述

一、高校教学管理方法的基本概念和特点

（一）高校教学管理方法的基本概念

方法是指人类认识和改造客观世界所采用的方式和借助的手段。方法由人们掌握和运用，服务于认识世界、改造世界和取得某种成果、获得效率效益的目的，是与人们的特定实践活动相联系的。管理方法就是运用管理科学理论和原理解决管理活动中的实际问题，提高管理功效，实现管理目标所采取的方式、手段和措施。

教学管理是一种有目的的社会实践活动，教学管理方法就是管理者在教学管理全过程中运用管理科学理论和教学管理原理，为解决教学管理中的各项具体问题、保证教学活动顺利进行、实现预定教学管理目标而采取的各种管理方式、手段、技巧、措施和途径。教学管理包括四层含义：第一，它界定了掌握和运用教学管理方法的主体——管理者；第二，它表明了教学管理方法贯穿于教学管理的全过程；第三，它明确了运用教学管理方法的目的是解决教学管理问题，实现教学管理目标；第四，它指出了教学管理方法在活动方式、管理手段、工作措施等方面具有多样性。

（二）高校教学管理方法的特点

教学管理方法是管理科学理论和方法在教育教学领域的移植、借鉴和发展，是教育学理论和方法在教学管理中的具体运用，因而它既具有一般管理方法的特点，又具有自身的性质和特点，主要体现在以下几个方面：

1. 目的性

教学管理是一种目标明确的活动，通过管理目标引导管理过程，充分发挥教师、学生投身教学及质量管理工作的积极性和创造性，使教学管理真正起到推动教学改革、促进教学质量提高的目的。教学管理方法就是为了实现这个目的、达到这个目标而采取的管理方式和手段。由于目的和目标具有多样性，就有了不同的管理方法和管理手段。

2. 科学性

教学管理方法是以科学、先进的管理思想为指导的，在管理科学中已经形成并在实践中被证明是行之有效的管理方法与手段，都可以直接或间接地渗透和移植到高校教学管理中来，如系统论、控制论、信息论、耗散结构论、协同论、全面质量管理理论、决策理论以及数理统计、网络技术和计算机技术等。

3. 中介性

教学管理理论必须借助教学管理方法才能在管理实践中发挥作用。教学管理方法是现代管理原理和教育教学理论的自然延伸和具体化，是管理理论指导管理实践的必要中介和桥梁，是实现教学管理目标的途径和手段。

4. 规范性

教学管理方法具有很强的规范性和原则性，为教学管理的具体活动、各项工作指明了必须遵循的途径、程序和方式。这些程序和方式不能轻易打乱，否则就会导致方法失效。当然，教学管理方法也要突出弹性管理，尽可能减少不必要的规范、规定和要求。

5. 普遍性

教学管理方法大都具有抽象性和普遍性的特征，即只着重于管理过程的一般性特征和普遍性问题，侧重于管理活动中的共同规律性。普遍性较高的教学管理方法，可以适用于各种情况，运用于各种不同的管理范围和活动领域。当然，有些具体的管理方法具有较强的针对性。

6. 系统性

一方面，每种教学管理方法都自成体系，都有其内在的系统性特征，包括有明确的目标和功能，一定的程序、步骤、方式和途径，一定的限制条件和适用范围等；另一方面，各种管理方法相互联结、相互依存，呈现整体化运作，形成教学管理的方法体系。

7. 多样性

高校教学管理因管理活动的主体、对象、内容、形式、目的等的多样性，而采取不同的管理方式和方法，以保证教学管理目标的达成。教学管理方法可以从不同的角度、按不同的标准加以分类。例如，按管理方法所处的层次，可分为哲学方法、一般方法和具体方法；按管理对象的不同范围，可分为宏观管理方法、中观管理方法和微观管理方法；按管理方法的权威性和作用机制不同，可分为行政方法、法律方法、经济方法、教育方法；按科学性或精确性的程度，可分为经验方法、科学方法、定性方法、定量方法等；按产生的历史时期不同，可分为传统方法、现代科学方法等；按管理对象的性质不同，可分为人力资源管理方法、物资管理方法、财务管理方法、信息管理方法；按管理活动类型的不同，可分为预测方法、决策方法、控制方法、制度方法、程序方法、目标方法等。随着人们对管理方法认识的不断深入，高校教学管理方法体系也将不断完善和日趋多样化。

二、高校教学管理方法的功能

“工欲善其事，必先利其器”，这里的“器”是指工具，也可视为方法。方法是提高效率和质量的实践工具，做任何事情都要讲究方法。方法自古就被人们所重视，古今中外，无论是政治家、科学家还是管理学家，都十分重视方法问题，因为科学的方法一旦形成，就能指导人们有效地思考和行动。高校教学管理方法是用以实现教学管理目标、开展教学管理活动的具体方式和手段。教学管理方法是否科学、合理，直接影响教学管理的质量高低和效果好坏。高校如果缺乏科学的教学管理方法，即便有正确的管理目标，有健全的教学管理体制和运行机制，有现代化的管理手段，也难以做好教学管理工作。教学管理方法具有以下功能：

（一）导向功能

教学管理方法具有导向功能，它是为了完成教学管理任务、达到教学管理目标而采取的具体方式和途径，是贯彻管理原则的重要手段。管理原则是用来指导管理实践的准绳，在实践中，原则对工作的指导总是借助于管理方法的选择和运用来实现的。因此，教学管理方法是将教学管理导向成功的方式，如果没有教学管理方法的导向和中介作用，教学管理过程就会因失去目的和方向而陷于混乱，各项管理工作也会偏离正常的运行轨道。

（二）纽带功能

工作任务好比过河，而工作方法好比是桥或船，这充分说明方法具有纽带功能。教学管理的每个环节、每一层次、每一次具体的实施操作过程，都是管理主体与客体多种因素相互交叉、相互作用的结果，而教学管理方法是教学管理活动的主体与客体相互联结的方式和纽带，是沟通两者的中介和桥梁。在实际教学管理过程中，管理者往往借助于管理方法将管理理论与管理实际联结起来，将教学管理目标从抽象的精神形态逐步转化成现实的物化形态，以实现教学管理的功能，达到合理配置教学资源的目的。

（三）激励功能

教学管理的主体是人，管理的对象也主要是人，高校教学管理成功与否和效能的高低在很大程度上取决于管理参与者，即人的积极性和创造性是否充分发挥。因此，教学管理的一个重要任务就是如何激发管理参与者、广大师生的主动性、积极性和创造性。高效能的管理者一般是在深入分析与研究学校教学管理活动及其客观规律的同时，仔细、认真地了解广大师生在精神与物质方面的各种需求，通过选择和组合科学的管理方法实现对师生精神激励与物质积累的有机结合，建立更为灵活和人性化的沟通、评价与激励机制，保证教学管理目标的达成和教学质量的提高。

（四）控制功能

教学管理方法是学校管理者对教学管理过程实行引导、干预和控制的手段和方式，通过同各种自发的、外在的干扰因素和偏离目标的因素相抗衡，保证教学管理职能的执行和预期管理目标的实现。正是教学管理方法的控制性功能，才能将教学管理过程置于管理者的有效控制之下，保证学校教学活动和教学管理工作顺利进行，实现教学管理的职能，实现管理的目标和效果。

（五）效率功能

管理方法是提高管理效率的重要因素，是促进管理方式由粗放式管理向高效化管理转变的重要手段，先进正确的方法往往能起到事半功倍的作用。高校教学管理活动和管理过程实际上是教学过程中的人力、物力、财力等资源以及信息、时空的配置过程。教学管理方法很重要的功能就是把教师、学生、教学资源、信息等因素合理地组织起来，有机地协调成一个多功能、多层次、多属性的综合教学系统，使教育教学资源的配置达到合理化和高效化。在高校教学管理实践中，对于任何一项管理工作，只要选择和运用的管理方法得当，就能节省工作时间，提高管理效率和办学效益，做到物尽其用、人尽其才、财尽其力，以最小的代价换取最佳的效果。

三、运用高校教学管理方法时应注意的几个问题

在高校教学管理中运用上述方法时，应注意以下几个问题：

（一）要注重吸收传统管理方法中的有益成分

传统管理方法是指在管理作为一门独立的科学尚未诞生之前，由管理者自发地凭经验积累起来的一整套管理方法。其特点是管理者注重的往往是传统的延续、历史的类比、经验的积累、定性的分析以及主观的判断和想象等，借助的手段也比较原始和简单。传统的管理方法也有许多科学的成分，对于我国高校在长期办学实践中形成的一套传统的管理方法，我们不应全盘否定，而要加以科学总结与合理吸收利用。

（二）以事实为依据，尽量用数据说话

全面质量管理的一个重要思想就是数据管理，主张用数据和事实对质量现象进行分析和反映，做到在数据面前人人平等，反对凭主观印象、经验和感觉进行质量管理。在高校教学质量管理过程中，也要坚持实事求是，尊重客观事实，尽量用数据说话。真实的数据可以定性反映和定量描述客观事实，给人以清晰明确的数量概念，做到用事实和数据说话，把教学质量管理建立在科学的基础之上。

（三）广泛运用科学技术和现代管理科学的新成果

全面质量管理是现代科学技术和现代化大生产发展的产物，它广泛地运用了科学技术和现代管理科学的最新成果，如先进的专业技术、检测手段、计算机和网络技术以及系统工程、价值工程、网络计划、运筹学等。高校教学管理方法不是一成不变的，而是在不断移植、汲取、引进各种管理科学理论和自然科学及社会科学方法基础上的不断丰富和创新。高校教学管理也要本着一种开放的态度，引进现代管理理论和管理方法，特别是系统论、控制论、信息论、全面质量管理、决策科学等，并注重运用计算机、通信技术、网络技术等现代科技手段，强化决策和管理的科学性。

（四）注重教学管理方法的优化组合

教学管理过程是一种目标多元、方式多样、过程动态化的管理活动，因而对教学管理方法提出很多要求，也需要综合和系统的方法来保证教学质量。俗话说："管理有法，又无定法。"这说明了管理方法选择的灵活性与多样性。目前的教学管理方法都有长处和不足，高校教学管理的复杂性也导致单一的方法难以奏效。因而，教学管理者应因时制宜、因地制宜，对教学管理方法作出多种不同的组合和选择，不应拘泥于某一方法而忽视其他方法的运用。教学管理方法的选择组合及运用关系着教学管理活动的效率和质量。

第二节　高校教学管理的系统方法

高校教学管理，特别是教学质量管理作为高校管理的重要组成部分，是作为一个相对独立的子系统而存在的，并对高校管理系统产生影响。系统科学的思想和方法成为建立高校教学管理系统的理论基础，只有用系统论的观点和方法审视高校教学管理问题，研究教学管理系统中各要素的相互联系与相互影响，分析系统的结构与功能，才能实现教学管理的科学化和现代化。

一、系统方法的程序步骤

运用系统方法必须按科学程序办事。高校教学管理中的许多重大问题，因为联系复杂，制约因素多，所以无论是决策还是指挥、控制，都应遵循系统分析方法的一般步骤和程序——提出问题，明确目标；搜集资料，分析问题；提出方案，建模选优；组织实施，控制调整。

二、系统方法的基本原理的特性

系统管理是现代管理科学的重要组成部分，它是以系统论作为管理的理论依据，以系统方法对管理对象进行科学管理的。现代教学管理系统是把教学管理活动中的人、财、物、信息和时间等基本资源经过合理组织和有效利用，最大限度地发挥作用，完成教学目标的一种管理组织系统，是由人的系统、组织系统、物的系统、信息系统等组成的多因素、多序列、多层次的复杂系统。高校教学管理活动是一个复杂的系统，具有自身的构成要素、层次和功能等系统特性，如教学管理对象的复杂性与客观性、教学管理过程各要素的相关性与有序性、教学管理主客体关系的能动性与制约性、教学管理环境的动态性与多样性等。教学工作的系统化管理，就是根据教学工作本身的规律和特点，运用系统科学的方法，把整个教学管理过程作为一个系统进行研究，以求得整体上的最优；通过组织、协调各子系统的关系，使各组成要素和结构组成一个协调运行的整体，以达到系统的整体性目标，实现提高管理效率和人才培养质量的目的。因此，系统方法是高校教学管理的一种非常重要的方法，其基本原理的特性主要体现在以下五个方面：

（一）管理工作的目的性

目的性是系统论的首要思想，开放系统在与环境的相互作用过程中会达到一个稳定的状态，这种状态表明该系统具有目的性。系统的目的性就是系统的功能所表现的趋向性、方向性。在企业质量管理中要设定质量方针目标，它是质量管理体系的基础，各子系统要为达到这一目标而共同努力。质量方针目标是企业运行的行动纲领和方向，指导质量管理体系的建立，包括进行质量职能分解、组织机构设置、过程的确定、资源的分配等。在高校，教学管理主体与管理对象都处于特定的教学质量管理系统中，教学管理主体必须运用系统理论组织教学质量管理活动，运用系统方法调节、控制教学系统的运行，最终引导教学管理对象实现预定目标，这也是教学质量管理目的性的体现。根据系统方法的目的性原理，任何管理行为都是为了实现系统的价值目标。高校教学质量管理系统的价值目标主要包含两个方面：一是全面提高教学质量，使培养的人才适应经济社会发展的需要；二是提高教学及质量管理工作的效率和效益，两者要有机结合，不可偏废。因此，作为高校的领导，必须紧紧把握住教学质量管理的价值目标，不仅要制订出符合本学校、本单位特点，并与教育方针相一致的总体人才培养目标，还要指导下属各部门、各单位围绕这一总体目标制订出协调一致的具体目标。当子系统的目标与整体目标相矛盾时，要以实现总体目标为准则。各级管理者还要善于把握目标的发展方向，消除各种影响系统目标实现的干扰因素，确保教学质量管理价值目标的实现。

（二）管理系统的整体性

整体性是系统方法论的核心和基础。系统论创始人贝塔朗菲提出："系统是由两个以上要素组成的具有整体功能的组织行为的统一整体。"[①]也就是说，系统是指由两个以上相互作用、相互联系的要素、元素、部分、环节按一定层次和结构组成的具有特定功能的有机整体。"整体大于部分之机械总和"，这个命题是系统整体性的集中体现，所以整体性又称为非加和性。系统的整体功能不等于各个要素之功能的相加，而是要大于各部分功能之和。系统的各部分组成一个整体后，

① 邓崇玉．高校教学管理通论［M］．北京：法律出版社，1997．

各部分不再只是发挥其原来的功能，而是互相有机地结合在一起，产生出总体的功能。这种功能的产生是一种质变，是原来各部分所不具备的。它要求高校教学管理者在研究和处理问题时要牢固地树立全局观念，始终把管理对象看作一个有机整体，而不是孤立地研究其本身，否则就会犯“头痛医头，脚痛医脚”的毛病。研究任何问题，先要弄清它处在一个什么样的系统之中，它所处系统的性质和整体目的，它在这个系统中的地位和作用，它与该系统中其他各因素的关系，这个系统所处的环境条件，等等，只有把这些问题弄清了，才能正确地对它进行判断，才能保证整体的优化，达到配合整体功能的要求。

（三）管理要素的相关性

系统论认为，系统就是相互关联和相互作用的一组要素构成的整体。系统的相关性是指系统内部要素与要素之间以及系统与外部环境之间的相互联系、相互依赖、相互作用的特性。它告诉我们，系统各要素之间、要素与整体之间、整体与整体之间、本系统与外系统之间存在普遍的联系。因此，系统内外任何要素的存在、运动、发展、变化都与其他要素相关，并在系统的内、外部形成一定的结构和秩序。高校教学管理系统是社会系统和学校管理系统的一个组成部分，是社会和学校大系统的一个子系统。一方面，社会上的政治、经济、科技和文化等因素的变化制约和影响着高校的人才培养和教学管理工作，只有重视教学及其管理系统与社会环境的相互作用，教学管理才会有生机和活力；另一方面，要保证教学管理系统与学校管理大系统中的教师管理系统、学生管理系统、科研管理系统、后勤管理系统之间的协调发展。当然，高校教学管理系统自身也要处理好各部门、各层次、各要素之间的相互关系，并将其合理地组合起来，实现交叉和整体优化。比如，在实施学分制教学改革时，应从提高教学管理水平、实现人才培养目标这一整体功能出发，综合考虑学分制的课程结构、教学方式、教学组织形式、教师资源、学生管理模式、选课信息管理等相关因素的配合与协同情况。

（四）管理结构的层次性

系统是由不同层次的等级结构组成的有机整体，无论是结构，还是功能，系统都可以划分为不同的等级层次。高一级系统包含低一级系统（子系统），而低一级系统往往是高一级系统的要素（子系统）。它告诉我们，系统要素的结构与功能之间存在不可分离的关系，通过对系统要素的等级层次的有序化建构和协调，可以实现系统整体功能的最优化。因此，在分析和认识系统整体的性质、目的和要求的基础上，还要将整体分解，对系统的各因素及其内部结构进行必要的分析。对高校教学工作进行系统管理，也要讲究管理的层次性，实现校、院、系等教学管理组织机构的分级管理，实现各个层次的相对独立，各司其职。

（五）管理过程的动态性

系统方法要求我们以动态的观点去分析考察事物的运动状态和运动过程。从明确办学定位、进行社会需求和人才市场调查，到确定人才培养目标和培养规格，进而确定课程体系、教学内容和教学过程，再到实施、评价等，就是系统化教学管理的过程。课堂教学过程也是一个完整的动态系统，其基本要素有教师、学生、教学媒体、教学措施和教学环境。教学过程这个动态系统，沿着课前备课与预习、课堂传送与接受、课后辅导与复习、课终检查与评定四个程序运行。课堂教学系统要想发挥其最佳功能，即取得最优化教学质量，就必须遵循系统论的整体性和动态性原则，依据整体目标优化系统中师、生、教学媒体等要素，重视并优化课前预习、课堂讲授、课后辅导、复习、课终检查与考试等程序，使之形成一个有序的动态系统。

第三节　高校教学管理的一般方法

一、调查研究方法

调查研究方法是指根据解决问题的需要，深入实际，通过访谈、会议、问卷、追踪、抽样、寻查等方式去获取信息，并由此进行分析研究，以探索事物本质及其发展规律的一种方法。通常所说的调查研究，包括认识的两个阶段：调查是感性认识阶段，是指运用科学的方法，以一定的研究目的，从现实生活中搜集社会事物的有关真实资料的感性认识活动；研究是理性认识阶段，是指对调查得到的资料进行逻辑加工，对社会事物作出描述和解释的理性认识活动。调查研究方法是社会科学研究与管理决策的基本方法之一，也是高校教学管理的一个重要方法。

（一）常用的调查研究方法

调查研究的方法有很多，根据高校教学管理的特点，调查的类型可有不同的划分，如按调查所要求结果的不同，可分为现状描述性调查、因果性调查和预测性调查等类型；按调查范围的不同，可分为校内单位调查、全校性调查和社会性调查等类型；按调查规模的不同，可分为全面调查、典型调查、抽样调查等类型。常用的调查研究方法有以下几种：

1. 开会调查法

针对要研究的问题，按照调查纲目开调查会，是了解情况、搜集材料的基本方法。如果单纯地靠道听途说，虽然也能了解到某些情况，但只能得到表面的、零碎的信息，是得不到完整的信息的。召开调查会，邀请一些熟悉调查问题的人进行座谈讨论，让大家充分发表意见，对问题的了解就会比较透彻，而且获得的材料也比较全面可靠，有时还可能找到解决问题的办法。但是，这种方法要求调查人员具有较高的水平，并要在会前做充分准备。

2. 问卷调查法

问卷调查法是调查人员将调查表送交或函寄给被调查人，说明填表的要求和方法，由被调查者根据实际情况，按照表中栏目自己填写，然后由调查人员统一审核和统计分析。这种方法可以取得第一手研究资料，并能节省人力和时间。但是，这种方法要求被调查者具有较高的文化素养和积极配合的态度，否则难以保证调查结果的准确性。

3. 个案调查法

个案调查法是为了解决具体问题而选定一个具体对象进行的调查方法。个案调查法的内容包括两个方面：一是全面的现状，对现在的状况进行全面调查，尽量做到各个方面的情况都齐全；二是历史的情况，也就是对它产生、发展和变化的全过程都要有全面的了解。在个案调查中，选择什么样的对象是由调查目的决定的，这些对象可以是个人、团队、班级和单位等。

4. 抽样调查法

为了反映由众多个体组成的事物的总体情况，一般采用抽样调查法。抽样调查法是一种从调查对象的总体中抽取一部分单位作为样本，并由样本中调查得到的结果推论到总体的方法。一方面，抽样调查法要了解每个个体，在技术上存在一定的困难；另一方面，如果样本比较客观，推论总体合乎逻辑，抽样调查的准确性就比较高。在高校教学管理中，常采用抽样调查法，如抽查教师的教案、学生的作业和考试的试卷等。

5. 个别访谈法

个别访谈法是指调查人员通过对被调查对象的个别访谈（包括面谈和电话访谈），记述和取得资料的方法。个别访谈法的优点是调查人员对调查项目有统一理解，能按统一的口径询问和取得资料，但需要花费较多的人力和时间。

6. 文献调查法

在确定了要研究的问题题目后，都需要进一步调研，实际上就是指运用文献方法了解课题的国内外研究现状。也就是从有关的文献中查看关于所选课题的研究进展情况、各种观点、关注的研究领域、争论的问题、发展的趋势等，由此确定自己的研究方向。

（二）调查研究方案的步骤

调查研究是一项复杂而严肃的工作，为保证其顺利进行，必须制订调查研究方案。调查研究方案的制订一般包括以下内容和步骤：

1. 明确调查研究的目的

调查工作要了解哪些情况希望解决哪些问题，都必须具体明确。

2. 合理选择调查研究的对象

调查对象是获取信息的信源，选择的调查对象一定要符合调查目的要求，具有代表性和普遍性。

3. 确定调查研究的项目

项目也即问题，确定项目既要考虑需要，又要考虑可能。项目的表述必须明确，要使答案具有确定的形式，不能让被调查者产生歧义或感到模棱两可。

4. 确定调查研究的方式

如前所述，调查研究的方式有很多，应根据不同目的、内容和要求确定与其相适应的调查方式。

5. 做好调查的准备与组织实施工作

在准备好调查提纲和各种调查表、统计表、调查工具等之后，要进行思想动员，使每个调查人员都明确调查的目的及调查计划涉及的各种要求，然后加以组织实施，以获得事实性资料和可靠的信息。

6. 对调查中获得的各种信息进行整理和分析

经过分析和研究，去伪存真，从中得出规律性的认识和有价值的结论。

二、思想教育方法

思想教育方法是高校教学管理的重要方法。高校教学管理中的思想教育方法又称为思想政治教育方法或宣传教育方法，是指高校教学管理者凭借精神和情感的力量，运用教育心理学的规律和思想、观念宣传方式，对学校成员的思想认识、心理特征和行为表现产生影响的管理方法。

（一）思想教育方法的基本内容

思想教育方法涉及的内容是多方面、多层次的，其中最主要的是理想信念和道德情操两方面的教育。具体而言，思想教育方法就是全面落实党的教育方针，紧密结合全面建成小康社会与和谐社会的实际，以马克思列宁主义思想为基础，以理想信念教育为核心，以思想道德教育为重点，运用思想教育方法和心理学理论，教育、引导和动员广大师生，提高他们的思想觉悟，培养他们正确的价值观念、良好的职业道德和高尚的情操。

（二）运用思想教育方法应注意的问题

思想教育工作是一项复杂的系统工程，在高校教学管理工作中，想要正确运用思想教育方法做好师生的思想工作，教育管理者必须注意以下几点：

1. 思想教育工作要讲究科学性

要坚持以人为本，尽量排除那些华而不实、不合情理的言行，以正确的思想、科学的方法、严肃的内容改造人的思想意识和世界观、价值观，让思想教育工作贴近实际、贴近生活、贴近师生，努力提高其吸引力和感染力。思想教育工作还要讲究方法的科学性和灵活性，要善于变换形式、变换人员、改变环境、改变方式、转换工作角度，并交叉变换使用语言沟通、信息交流、帮助解决实际工作和生活中的困难等方法和形式，以达到最好的思想教育效果。在当今网络化时代，教学管理者还要善于使用微信、QQ 群、微博等方式，加强与师生的沟通和交流。

2. 思想教育工作要讲究民主性

在具体的运作过程中，要相信师生，既要充分发挥学校教学管理人员和党团组织的教育引导作用，又要充分调动广大师生的积极性和主动性，引导他们自我教育和自我管理。坚决反对长官命令式、“填鸭式”、说教式等教育方式，尽可能采用和风细雨式、商量式、启发式等民主、平等的方法。要坚持民主原则，以一个平等的姿态面对师生，切忌居高临下、盛气凌人。同时，要给对方说话的机会，倾听对方的意见和心声，这样才能产生情感上的共鸣。

3. 思想教育工作要讲究艺术性

所谓艺术性，一要讲究技巧，要仔细了解和认真研究工作对象的情感、情绪、理想、信念、爱好、特长、利益等方面的情况，做到心中有数、有的放矢，提高沟通水平和教育效果；二要正确运用语言，做到诚恳、和善、耐心、确切、简明，不能唠叨、颠三倒四，使谈话真正成为打开人心灵之锁的钥匙；三要把握好时间，注意火候和分寸，不能操之过急；四要注意选择恰当的场所和地点，让对方能放松情绪，消除戒备和紧张心理；五要巧用批评的艺术，针对不同的事和不同的人，分别采取公开式、个别式、商讨式、婉转式、严厉式、谅解式等方式进行批评，使教育对象更加奋发向上，而不是消极颓废。一般而言，具有艺术性的思想教育方法可使教育显得生动活泼，容易缩短双方的心理距离，缓解情绪上的排斥和逆反心理，达到事半功倍的效果。

4. 思想教育方法要讲究针对性

大学生处在世界观、人生观、价值观发展的关键时期，在社会转型、思想多元、技术变革的当今时代，他们的思想特点表现为：习惯于独立地思考问题，易以自我为中心；善于运用网络，信息灵通，勇于接受新事物；价值观多元化；考虑问题的角度较单一，处理问题的方法不够成熟；等等。因此，学生管理与思政工作者要在全面认识当代大学生的基础上，开展有针对性的思想教育工作，在学生管理上多采取柔性化管理，而不要简单地靠行政权威和僵化的教条进行管理。大学生即使处于相同的环境与条件下，由于自身情况的差异，所表现的思想问题也不尽相同。教学管理者与思政工作者要根据学生的不同情况和现实的思想问题，采取不同的方式，做到“一把钥匙开一把锁”，对症下药、灵活处理。

总之，师生的思想教育工作是有难度的，要求教学管理工作者不断地提升自身的综合素质和思想修养，积极探索新形势下思想教育的新途径、新方法，用科学的方法管理师生，用优质的管理服务师生，用敬业的精神感染师生。

第三章 高校教学质量保障体系的内涵与发展

本章的内容是高校教学质量保障体系的内涵与发展，从四个方面展开叙述，分别是高校教学质量保障体系概述、高校教学质量保障体系的基本理论、我国高校教学质量保障体系的发展历程以及国外高校教学质量保障体系的特点与启示。

第一节 高校教学质量保障体系概述

一、高校教学质量保障体系的基本内涵

高校教学质量保障体系包括教育质量保障机构、多种评估方法和指标以及相关的一系列保障措施。另外，政府等有关部门需要制定一系列政策和法规，确保其实施的有效性。它的核心意图在于促进各高校的教学质量达到规定标准，并在高等教育规模扩张的同时不断提升。尽管多数国家高等教育的质量保障体系依靠政府资助和支持，但其中的高等教育质量保障机构是一个独立于政府的实体组织，其功能主要表现为检查和评估各大学的水平，协助它们提高教育质量。高等教育的质量保障需要高等学府自主进行评估，并需要专家进行定期的审计和评估，确保各高等学府的教育水准和特定专业或课程的建设达到规定的标准。因为高等教育在国家未来发展中的重要性愈加明显，各国政府越来越注重保证自己国家高等教育的质量，并认为制定高等教育质量保障体系是高等教育改革必不可少的一环。

高等教育质量保障体系为国家整个高等教育系统所拥有。同时，随着高等教育的国际化，形成了国际性高等教育质量保障体系的组织网络。一方面，各国高等教育质量保障机构工作的目的是为高等学校服务，激励高等学校不断为提高教育质量而努力，帮助其有效地提高办学质量；另一方面，它也让社会公众真实地

了解高等学校办学质量的责任。同时，它是国家对高等教育质量进行宏观控制的手段。

高等教育质量保障体系建立的法律依据主要是各国现行的法律和政府及有关部门的相关政策。高等教育质量保障体系一般可分为学校外部保障体系和学校内部保障体系。高等学校外部保障体系的机构通常是全国性或地区性的专门机构，其组成成员包括高等教育界及其相关外界的专家和权威人士，他们由政府或某个作为领导部门的行政组织或专业组织任命。这些机构的主要任务是领导、组织、实施、协调高等教育质量鉴定活动，并指导和监督高等学校内部的质量保障活动。高等学校内部教育质量保障体系的机构负责高等学校内部的质量保障活动。高等教育质量的外部和内部质量保障体系两者结合起来共同履行高等教育质量保障的功能。要进行教育质量的鉴定或监督各高等学校的教育质量，就必须制定和不断修订、完善一整套评估模式。

二、高等教育质量保障体系构成要素

质量保障体系是一个有机整体，其中的多个要素相互协作、相互关联，以实现特定功能。每个要素的质量水平都是质量保障体系整体质量的基础，而整体质量依赖于每个要素的质量水平。高校教学质量的根源在于将杰出的组成要素应用于优秀的机制中，从而构建出最优的结构。这里所说的“组成要素”包括保障目标、保障主体、保障客体、保障方法、保障实施载体，而其具体表现为高校、教师、学生、教学资源、教学方式、支持服务、评估中介、社会、政府、经费。高等教育质量保障体系由内部和外部质量保障体系组成，它们分别对应着上述要素中的某几种。

（一）保障目标

保障目标是确保高等教育的质量实现的目标，主要应对“为何需要保障”的挑战。高等教育质量保障的目的在于确保高等教育的质量不断提高，满足国家和社会大众对高等教育质量的需求。高等教育保障体系旨在确保高等教育质量和高校保障体系的完善，以指导、监督和调节高校在人才培养、科学研究和社会服务等方面的工作。通常情况下，高等教育应该以涵盖政治、经济、文化和科技等方面的全面目标为基础，进而满足国家不同需求的追求方向。高等教育的价值应该基于其对社会经济、文化和科技发展作出的贡献加以评估。为了保证高等教育质量保障体系的有效性，高校必须采取切实可行的措施，确保目标得以实现。只有在实现或超过预期目标的情况下，该保障体系才能被视为有效。保障目标主要包括三种，具体如下：

1. 官方目标

官方目标是国家教育行政部门用于明确学校任务的正式表述，其目的在于规范学校的行为。我国所有教育阶段的学校都致力于培养学生达成相应的教育目标。除此之外，国家还规定了不同级别和类型的学校必须达成的具体培养目标。这些官方目标能够促进学校管理工作的标准化，强化监督效果。

2. 实施目标

实施目标是学校为实现国家规定的目标，结合本校实际情况制订的目标，具有实践性，是学校认可的真实意图和任务，可直接指导和激励学校工作。

3. 操作目标

操作目标是校方用来评估学校工作任务完成情况的具体准则。操作目标一般会有明确的评价标准和评估流程，能够规范衡量任务的质量和数量，并且易于实施。操作目标具备可以对学校进行评估、反馈和调整等方面的特点，能够帮助学校持续改进和进步。通过建立多重保障目标系统，高校管理者可以更准确地评价高等教育的品质，提升保障措施的实际效果。

（二）保障主体

高等教育质量保障活动的策划和实施主要由保障主体负责，其职责主要是解决“谁来保障”的问题。高等教育质量保障需要多元参与，不同方面需要协同努力，具体包括政府、高校以及社会机构、国家、行业团体、高教管理部门、专业评估委员会、各高校、社会评价机构、企业等。不同保障机构之间相互合作，充分发挥高等教育质量保障体系的作用，进而营造良好的保障氛围。

高等教育质量保障体系的保障主体多元化，已不是单一的主体。政府、高校与社会作为保障主体相互分工与协调，共同参与高等教育质量保障。高校作为保障主体，在整个高等教育质量保障体系中处于基础地位。必须充分重视高等教育机构的自我评估和改进。高等教育是一种发生在高校内部的专业活动，其主体是学术人员、高校及其成员。改进与提高质量的动机是内在的，不能从外部强加，只能被激发、被强化。而作为其他保障主体的政府与社会的保障活动，即外部评估，其作用应该是为高校自我改进与提高提供持续、稳定的支持，使高校及其成员能够在一个良好的制度环境中关注其专业活动的质量。作为高等教育质量保障体系的构成要素，高校的自我评估能增强被评估单位的主人翁意识和责任感，提高评估后质量改进的可能性。在高等教育质量保障中，只有当高校教师认为质量保障活动是其分内事时，整个活动才可能成功。因此，各国都非常重视高校的自评，院校内部质量保障是外部质量保障的前置条件。在外部力量日益渗透到高等教育质量保障中成为保障主体的情况下，高校积极主动地建立自我保障体系，是保护学术自由、院校自治，也是向外界证明其质量与效率的一种有效手段。对于高校而言，自我评估是日常的质量保障活动。正是通过不断地自我检查和反省，才能使保障体系运行起来，从而有效地促进教育质量的提高。例如，在英国，各校均设内部质量保障体系，特别是在专业的规划、审批、保障和审查等重要环节上把住质量和标准关。多数学校既实行经常性的保障，又对各专业进行周期性审查。同时，一些学校还聘请校外督察员和学术审查员，他们都是来自其他学校或相关领域的学术专家。校外督察员的主要任务是对大学生是否达到学校的学业标准进行动态的评估，检查学校在给予学生成绩和学位时是否严格依据学校制定的标准，对学生的评价是否有效和公平。学术审查员每隔 6 年对大学进行一次总体的审查，以确定该大学的办学标准是否保持在合适的水平。英国高等教育质量保证局的外部评估侧重于院校审核，即对院校内部质量保障体系及其运行情况的监督与检查，以突出高校自我质量保障的基础性作用。作为保障主体的政府主导高等教育质量保障的发展方向，政府将质量保障作为推进高等教育改革的工具和发展高等教育的手段。从宏观高等教育政策看，高等教育质量保障的兴起，是政府改革高等教育体制、努力提高高等教育质量、促使高等教育更好地适应经济和社会发展需要、满足公众不断增长的需要等一系列政策的直接结果。政府在高等教育质量保障体系中的作用主要是通过政策指导和法律规范的方式进行的，政府很少直接组织实施质量保障活动，而是通过立法、财政、评估结果的利用等途径对质量保障活动施加影响。高等教育质量保障体系中的另一保障主体——社会，在高等教育质量保障中发挥的作用日益重要。社会通过直接参与学校管理、组织质量评价等评估活动将社会对人才培养的要求、高校毕业生的就业状况及其他有关信息直接反馈给高校，使高校及时了解、关心社会对人才培养提出的要求，保障高等教育质量沿着社会需要的方向发展。

（三）保障客体

在高等教育质量保障活动中，保障客体是非常重要的内容，也可以被描述为保证质量的主题，它的重要性在于能够帮助我们确定需要得到保障的具体领域。高等教育质量保障体系的目的是确保高等教育质量合格，如学校、专业、课程、教师和学生等，确保不同类型的人履行其主要职责和活动，并保持高质量的稳定性和可靠性。因为高等教育质量是一个多层次、涉及众多方面的概念，所以，保障客体也需要涵盖所有与高等教育质量有关的因素。然而，人们对高等教育品质的看法存在差异，因此人们对于高等教育质量保障体系应保障的具体内容也持有多种不同的观点。笔者认为，高等教育的质量取决于高等教育机构在人才培养、科研和社会服务等核心领域的表现。我国的高等教育主要通过各个高校来实现。因此，高校在促进人才培养、推进科学研究、开展社会服务等方面的努力和成效是高等教育质量的保障客体。

（四）保障方法

保障方法是为了达成高等教育质量保障目标而采取和计划实施的具体方式和措施，解决“如何保障”的问题。高等教育的质量可以得到保障，具体措施包括：给予经济资助，制定相关制度和法律法规，明确政策方向，建立可行的管理机制，进行评估监管，接受回馈反馈，实施奖励制度，引导公众舆论。保障高等教育质量和实现目标的前提是有效运用和科学实施各种保障方法。一般来说，我们可以把保护措施分为两种类型，即内部保障和外部保障。在此前提下，方法和评估标准是最关键的议题。政府和高校在处理保障措施问题时，存在不同的思考角度。当前被广泛使用的是被称作“绩效指标”的保障标准。虽然绩效评估提供了一种定量的测量方式，但在高等教育质量评估中，需要的是更为综合的方法。高等教育是一个综合性、多层次的过程，不能单纯依赖定量指标来评估。高等教育质量的保障需要从不同的地区和情况出发，结合定性和定量方法，因地制宜地进行。

（五）保障实施载体

保障实施载体是指能够运输有用物质于各系统要素之间，保障系统获得“能量供给”和保证系统秩序化运转的所需信息。系统需要将信息作为支撑，进而才能够有效运行，信息是系统构成的基础要素之一。充分有效的交流和沟通，是实现系统各组件之间协作和相互影响的必要条件。以此为基础，它们能够合作，促进系统的运行并实现最终目标。高等教育的质量保障体系应当充分利用信息技术，成为连接各要素、促进相互关联和互动的媒介，有助于确保提高教育质量和各方有效沟通。信息是维系整个保障体系运转的生命线，而有效的交流可以激发个人的创造力和创新力，帮助各个主体合理地选择和运用保障措施，推动不断追求预期目标，最终实现既定目标。

三、高等教育质量保障体系的功能

高等教育质量保障体系的功能具体表现为可以确保高等教育质量的稳定性和提高教育水平。研究高等教育质量保障体系，需要关注其功能和作用，这是不可避免的。高等教育质量保障体系具有多种功能，在确保高等教育质量方面起着非常重要的作用。例如，这个体系可以对高等教育进行鉴定、监督、调控、导向、激励等方面工作，具体如下：

（一）鉴定功能

高等教育质量保障体系建立之后，高校管理层可以根据该体系中确定的标准和目标评估本校高等教育的质量，以便衡量高等学校培养的人才是否达到预期最低标准，从而对高等教育质量进行评估和认证，以便鉴定其整体水平。

（二）监督功能

高等教育机构的质量评审报告可以为教育管理部门提供了解学校日常教育教学活动质量状况的信息。这种评审报告主要出自高等教育机构内部或外部专家之手。评审报告最终会公开发布，政府和社会各界可以依据学校的质量状况评估学校，并尽可能采取相关措施加以监督。高等学校的质量、形象和竞争力对于其在教育资源领域的地位以及生存状况有着至关重要的影响，因此外界对其了解、认识以及监督也显得尤为重要。高校必须重视提高教育质量，积极参与各类教育质量保障活动，并自觉接受社会的监督。高校可以通过实施系统化的质量保障体系来监控校内日常的教学活动，保证各项教育工作依据既定计划有条不紊地运转，从而逐步实现学校的教育质量目标。

（三）导向功能

各个高校可以借助高等教育质量保障体系获取有关社会对高等教育的需求和评价状况的信息。此外，高校还能够及时自我检查符合高等教育需求方面的表现，并与其他高校进行对比。这样可以帮助高校不断提高自身的教学质量和竞争力，进而引导学校按照正确的发展方向前进，并合理规划教学活动和发展目标。

（四）激励功能

各个高校可通过构建高质量教育保障体系，开展精细评估并审视学校自身的生存和发展状况。这种思维方式能够引起学校对学生更多的关注，激励政府和社会积极参与，增强学校的自我管理意识，进而提高学校的教育质量。公布教育教学质量评估报告可以提高学校的知名度，同时可以促进不同学校之间在教学、科研和服务水平等方面展开比较，进而推动学校不断改进和发展。此外，这种做法也可以激发学校的内生动力，推动其在科研教学、社会服务等方面不断进步。

第二节　高校教学质量保障体系的基本理论

随着高等教育越来越多元化，高校需要树立一种全面的、系统的教学质量管理思想，确保教学质量管理水平得到提升。高校需要更加先进的质量管理和控制理论，采用科学的思维方法来指导工作，以建立科学、合理、有效的教学质量保障体系。在笔者看来，高校设立教学质量保障体系的基础理论主要包括完善的教学质量管理理论、ISO9000 质量标准以及现代高等教育管理理念。

一、教学全面质量管理理论

自1961年美国通用汽车公司质量经理A.V.Feigenbaum（菲根堡姆）提出全面质量管理以来，该理念在工业领域的企业管理中得到广泛应用。全面质量管理（TMQ）是指为确保产品质量的持续提高，由组织的全体人员综合应用现代科学和管理技术，对影响质量的全过程和各种因素进行全面、系统的管理，以达到生产者和消费者满意的产品为目的的一种质量管理方法。[①]全面质量管理主要涵盖四个核心概念：第一，消费者满意；第二，全员参与；第三，质量的持续提高；第四，依据事实进行管理。按照联合国教科文组织在《学会生存》中的说法:“最近的各种实验表明，许多工业领域的新管理程序，都可以实际应用于教育，不仅在全国范围内可以这样做，而且在一个教育机构内部也可以这样做。”[②]自20世纪80年代起，全面质量管理开始在国外高等教育机构被广泛探究。最近几年间，随着高等教育的普及，我国部分高校开始运用企业全面质量管理理念。在全面质量管理方面，高校需要不断探索和完善，因为即使在国外，也主要是一些与市场变化密切相关的职业院校采用此种管理模式，而并非所有高校都是如此。

（一）全新的质量观念

人们理解和认知质量及其产生的相应态度即为质量观念。由于质量的标准不断变化，我们必须时刻关注并满足消费者当前和潜在的质量需求。全面质量管理理论强调，我们不仅要关注产品和服务的质量，同样需要关注过程的质量、环境的质量以及人员素质的提升。将这个概念放到高等教育界，指的是与高等教育质量相关的各种规章制度，这些规章制度被称为“规定的需要”，由教育部发布，其中包括各种法律、条例和文件，如《普通高等学校本科教学工作水平评估方案》《关于加强高等学校本科教学提高教学质量的若干意见》等。“潜在的需要”指的是那些目前尚未被充分认知或者没有被明确地表达出来，但是随着时间的推移可能会逐渐浮现并且会变得越来越重要的需要。在全面质量管理下的教育领域，过

① 菲根堡姆．全面质量管理 [M]．杨文士，等，译．北京：机械工业出版社，1991.

② 联合国教科文组织国际教育发展委员会．学会生存：教育世界的今天和明天 [M]．华东师范大学比较教育研究所，译．北京：教育科学出版社，1996.

程、环境和人员占据着十分重要的位置。实现消费者需求和预期的实现，离不开教育流程、教育环境和教师团队的根本保障和支持。

（二）全面的质量标准

质量管理的基石和依据是质量标准，没有它就无法进行有效的管理。因而，为了保证品质，我们必须制定适合的质量标准。评估教育质量需要综合考虑各种因素，包括教育活动的社会性和多功能性等。在当代教育中，高等教育应该拥有全方位的教育品质观。这意味着高等教育不仅要完成教学任务，还要促进学生的全面发展和整体提高。衡量教育品质的标准也应该基于这个理念，进而为素质教育质量观的确立打下坚实的基础。

为此，学校应根据自己的办学定位、办学特色、人才培养规格和各主要教学环节的具体情况，制定较为完善的质量标准体系，保证教学质量和人才培养目标的实现。

1. 理论教学方面的质量标准

理论教学方面的质量标准主要包括：培养目标标准，包括各专业人才培养方案、教学大纲，实验、实习和实训大纲；课程建设标准，包括重点建设课程及优秀课程评估方案、精品课程评估方案；试卷、毕业论文标准，考核组织管理、命题与试题管理、成绩评定记载、考场与监考规则等；课堂教学质量标准，包括教学质量评估方案、教学工作规程、课堂教学质量评价等；教材建设及选用标准，包括教材建设与管理、教材选用与评价的有关规定。

2. 实践教学方面的质量标准

实践教学方面的质量标准主要包括：实验室工作规程，包括实验教学管理规定、实验教学评估办法、实验技术人员工作规范和岗位职责、实验仪器设备管理办法、开放实验室管理办法、学生实验守则等；综合性、设计性实验标准，包括开设综合性、设计性实验的实施办法等；生产实习标准，包括生产（毕业）实习管理办法、教学实习管理办法、教育实习管理办法、校外实习基地建设与管理办法、校内教学基地管理办法等；毕业论文（设计）标准，包括毕业论文（设计）工作条例、毕业论文（设计）基本规范要求等。

（三）全过程质量监控

全面质量管理的实施必须贯彻全程质量管理的理念。要实现全面的质量管理，需要对人才的培养标准制定、招生条件、教学条件、教学过程以及就业指导等环节进行全方位的质量管理。在学校中，最为重要的任务便是教学，教学过程是全方位质量管理的核心。要想实现培养目标，学校必须开展相应的教学；要实现全面质量管理，课堂教学和实践教学是必需的手段。所以，各高校应在课程体系、教学材料、教学策略、学习成果评估和师德建设等方面设立质量监测机制，以全面提高教学质量。

（四）全员的质量管理

全员质量管理是全面质量管理的重要组成部分，其重点在于实现教学管理责任的下放，使每一位教师拥有管理权，增强他们作为教育主人翁的责任意识和认识。高校必须制定一套完整的责任制度，确保所有部门和各级员工都参与到质量管理中。要建立一个协作紧密、职责明确、权限明确、高效严密的质量管理系统，确保各部门和人员都能承担起自己的职责，优质高效地实现工作目标。相应的，各部门和相关人员要明确自己的职责和职权，并承诺为保证质量作出相应的努力。

（五）学校的管理责任

在学校中，各级教学管理部门需要明确质量管理事项及责任。在院级管理中，最主要的任务是确保学校能够实现其最终目标。要实现这个目标，必须确立全院的质量方针、目标和计划，同时要及时协调各部门、各环节和各类人员之间的质量管控活动。在此过程中，要特别注重制定质量决策，以实现全院一致的质量管理目标。系级管理的主要目标是在遵循上级领导决策的前提下，综合考虑本单位的实际情况，进而制订具有可衡量性的目标和策略。要采用有效的业务管理方法优化各项质量职能的执行，从而有效地管理教研室的工作。教师应遵守教研组的管理要求，认真执行教学计划和规范，深入研究教学内容，并不断尝试多种教学方法，提升自身的教育能力。

二、ISO9000 质量标准管理体系

（一）ISO9000 的基本含义

近年来，随着 ISO9000 标准在全球范围内的大范围推广，全面质量管理被逐渐纳入 ISO9000 标准的实施和应用中，人们开始注重建立全面质量管理制度，并采用质量管理体系贯彻落实全面质量管理。

ISO9000 标准的全称为“ISO9000 质量管理体系国际标准”，由国际标准化组织（ISO）的质量管理与质量保证技术委员会（TC176）制定，是在总结世界上许多先进国家开展质量管理和质量保证活动经验的基础上开发出来的。自 1987 年 ISO9000 标准公之于众以来，该标准已进行两次重大修订，分别于 1994 年和 2000 年进行，其目的都是提高材料加工过程的质量管理体系的标准化水平。2000 年的 ISO9000 标准包括四个基本标准和一个技术报告，这些标准与报告对质量管理领域具有至关重要的作用。现今，超过 100 个国家已将 ISO9000 标准作为国家标准，并且以此为基础实施质量管理和质量保证。自 1988 年起，我国开始实行 ISO9000 标准，并在随后的 1992 年对其进行升级，使其与其他标准具备同等的使用地位。

ISO9000 标准强调“质量形成于生产过程，必须使影响产品质量的全部因素在生产的全过程始终处于受控状态”，强调采用“过程方法”，强调“以文件化的形式规范所有质量活动的各个环节”，它明确了质量管理以顾客为中心、领导作用、全员参与、过程方法、管理的系统方法、持续改进、以事实为决策依据、互利的供方关系八项原则；提出了“质量环”的概念：从识别需要到评定需要能否得到满足的各阶段中，影响质量相互作用活动的概念模式；鼓励在质量管理中采用过程方法；结构上突出管理职责、资源管理、产品实现、测量分析和改进四大过程要素。[①]

（二）ISO9000 的基本特点

第一，ISO9000 标准是一个系统性的标准，涉及的范围、内容广泛，且强调

① 许丽君，张亚龙．ISO9000 标准及材料加工过程质量管理体系［M］．北京：航空工业出版社，2018.

对各部门的职责权限进行明确划分、计划和协调，从而使企业能有效地、有秩序地开展各项活动，保证工作顺利进行。

第二，强调管理层的介入，明确制订质量方针及目标，并通过定期的管理评审达到了解组织内部体系的运作情况，及时采取措施，确保体系处于良好运作状态的目的。

第三，强调纠正及预防措施，消除产生不合格产品的潜在原因，防止不合格的再发生，从而降低成本。

第四，强调不断地审核及监督，达到对组织的管理及运作不断地修正及改良的目的。

第五，强调全体员工的参与及培训，确保员工的素质满足工作的要求，并使每一个员工有较强的质量意识。

第六，强调文化管理，保证管理系统运行的正规性、连续性。如果组织有效地执行管理标准，就能提高产品（或服务）的质量，降低生产（或服务）成本，建立客户对企业的信心，提高经济效益，最终大大提高企业在市场上的竞争力。

第七，ISO9000 标准既可作为供方质量保证工作的依据，也是评价供方质量体系的依据，还可作为组织申请质量体系认证的依据，有完整的质量体系文件。

（三）ISO9000 的缺陷

第一，ISO9000 标准只是对组织质量管理和运行能力的监控，而不是对组织产品质量的保证。实施了 ISO9000 标准，并不表明该组织的产品或服务已达到国际标准。

第二，虽然 ISO9000 标准的质量标准有一些要执行的要素，每个要素都有明确的考察点，但每个考察点的具体标准并不统一，需要结合各个行业的特点和每个组织的实际情况而定，并非标准越高越好。

第三，程序复杂，不易操作，不利于高校引进使用。

三、高等教育理论

（一）高等教育学理论

根据高等教育学理论，高等教育的人才素质观和教育价值观被认为是不可或缺的核心要素。高等教育的本质、特点和作用是高等教育所持有的价值观之一。高等教育的目的在于为学生提供有组织的学习和积极参与的机会，推动学生的个人成长，培养符合当今社会需求的综合型专业人才，为社会作出贡献。核心目标是通过高等教育提升学生的综合素质和能力，引导他们实现全面成长并为社会的进步与发展作出贡献。高等教育旨在培养具备才能的专业人才，进而达成以下三个目标：一是提供专业技能的培训，二是促进科学研究，三是提供社会服务。对教育质量进行管理时，需要管理教学的工作质量，实际上就是管理教育活动本身。教学质量保障旨在确保教育质量，提高学校的教学水平，并提升人才培训质量。因而，高等教育学理论是确保高品质教学顺利开展的必备理论之一。

（二）现代大学教学理论

教学质量保障是一种管理措施，其核心目标是确保教学质量并提高教学水平。想要建立教学质量保障体系，必须在现代大学教学理论的指导下进行。为了确保高质量的教学实践，现代高校需要综合考虑许多因素，如大学的教育理念和原则、课程设计、教学方法和工具等，这些因素都属于现代大学教学理论的范畴。

（三）高等教育管理理论

以高等教育管理理论为基础，进行质量管理工作，确保教学质量的做法就是教学质量保障。高等教育管理是指通过系统的社会实践，旨在达成确定的目标，并通过运用多种教育管理方法以及综合应用各项技能进行的管理活动。高等教育管理采用系统管理学、信息学和控制论等理论，对教学系统进行监督和管理，旨在确保教学系统正常运作和规范运行。在此过程中，收集、传递、转换、加工和处理教学系统信息也是必要的。

（四）高等教育评价理论

科学评价在教学质量管理中扮演着至关重要的角色，能够帮助我们判断与衡量教学质量，进而方便我们进行必要的调整与控制。利用当代的教育评估理论和技术，全面、公正、客观地评估学校的教育教学和管理工作，能够有效提高学校的整体教学质量。因此，高等教育评价理论是确保教学水平达标的重要依据。

四、系统科学理论

传统的近代科学方法将复杂系统分解为多个孤立元素进行研究，广义的系统科学理论则将复杂系统视为一个整体进行研究，旨在揭示系统内在的结构、功能、过程和层次等规律。广义的系统科学理论主要由控制论、信息论和系统论构成。控制论、信息论和系统论密切关联，它们的概念、原理和规律相互交织、相互依存，且都以系统为核心基础。当我们讨论系统问题时，可以考虑信息的传递方式，此举涉及信息论的领域。同样，如果我们从控制的角度来研究，可以把它看作控制论的问题。两者密切相关，不可以简单割裂。

控制论是从控制的角度去研究在各种控制作用下一个系统的运转规律，控制系统如果离开了信息，就无法实行控制。控制论把研究对象看成一个整体，称为控制系统，把研究对象对周围环境的作用看成通过特定的通道实现“信息输入”，把研究对象对周围环境的反应看成通过特定通道实现的“信息输出”，把信息输入作用的结果通过真实信息传送回来，并对信息的再输入施加影响，起到调节控制作用的过程被称为反馈，这种研究方法被称为反馈法。教学活动和教学管理活动就是一个对信息进行处理控制的过程，在高校教学管理中运用这种理论和方法，是提高、保障教学质量的重要途径和方法。即使在程序教学和机器教学中，普莱奇、斯金纳也把“信息的及时反馈”作为一条原则，认为没有反馈信息和没有对反馈信息进行评价与调节的教学过程就不是一个完整的教学过程。

信息论是从信息的获取、转换、传递、储存的过程来研究系统的运动规律，主要是通过信息输入、信息加工处理、信息输出和信息反馈等主要步骤及时对工作进行系统控制，确保预定目标的实现。信息反馈与控制密不可分。信息反映了系统运行过程中系统、要素、环境等方面以及它们之间相互作用的状况。充分利用信息是进行科学管理的核心，包括信息的及时反馈与有效控制。信息及时反馈为管理的有效控制提供了决策依据，而有效控制使信息以指令的方式实现对系统运行的纠偏。在高校教学质量保障体系中，我们必须建立健全完善的信息渠道和信息反馈制度，按照信息流程来组织、分析、检查、控制整个过程，这样才能确保教学质量的提高。

系统论是把研究的对象放在系统的形式中，从整体上、联系上、结构的功能上精确地考察整体与子系统、子系统与子系统之间、整体与外部环境之间的关系，以求得最优处理问题的方法。具体表现在以下四个方面：

（一）整体的功能不等于各部分功能之总和

如果各部分组成一个彼此干扰、相互冲突的结构，整体的功能就可能小于各部分功能的总和。因此，要坚持整体性原则，即在研究问题时要牢固树立全局观念，始终把研究对象看成一个有机整体，各子系统如何构成整体、各子系统之间如何排列都要有利于系统整体功能的发挥。

（二）系统的结构决定系统的功能

结构是系统内部各要素之间的组织形式，功能是系统在一定环境中所能发挥的作用。系统的结构决定系统的功能，不同的结构可以产生不同的功能。在要素已经确定、环境影响不变的情况下，巧妙地安排系统的时间结构和空间结构，是发挥系统功能的关键。这要求在研究和处理问题时除了对系统的要素加以注意和选择外，还要特别重视系统内部各要素排列、组合的顺序和层次，充分发挥系统的功能，这又被称为“有序性原则”。

（三）动态的观点

任何系统都不是绝对的、封闭的和静止的，它们总是存在于特定的环境之中，与外界进行能量、物质、信息的交换，受环境影响，具有开放性，随环境的变化而发生变化。只有在开放的环境中，系统才能不断吐故纳新，才会有所发展。因此，我们要用动态的观点去分析、考察事物，注意事物的运动状态，考察研究事物运动的过程，从而选择恰当的过程。

（四）最优化的观点

这是系统论的出发点和最终目的。一个系统可能有多种组成方案，要选择最优的方案使系统具有最优的功能。因此，在方案实施过程中为保证整体目标的实现，在战略上要区分重点和非重点，对重点局部进行优化，对非重点局部采取舍弃的措施，达到合格的标准就行；在资源配置上采取“有所为有所不为”的方针，把不同性质和数量的资源用到最需要的地方。

系统科学理论为现代管理科学提供了全新的思维方法，为解决高校教学质量内部保障体系领域动态复杂的问题提供了许多依据。因为高校教学质量管理主体和管理对象都处于特定的教学管理系统中，教学管理主体必须运用系统科学理论组织教学管理活动，从整体上把握教学系统运行规律，运用系统方法调节、控制教学系统运行，通过建立一定的质量标准规范教学，并在教学过程中根据教学要求不断改进质量标准，引导教学管理对象实现预定目标，达到教学质量提高的目的。教学工作的中心地位决定了教学质量管理体系在学校管理体系中的核心地位，其他管理体系都要服从和服务于教学质量管理体系。高校的根本任务是培养高素质的人才，决定了学校教学质量保障体系在教学质量管理体系中的地位和作用。因此，高校教学质量内部保障体系在理念上要坚持整体观，强调整体效应，学校内部各子系统都要紧紧围绕提高教学质量这个中心开展工作，内部各子系统要安排合理，层次清晰，职责分明，纵横联系严密，缩短上下层之间的距离，保证信息畅通，充分调动各子系统的积极性与主动性，要根据实际情况不断调整和改革内部各子系统，在动态过程中实现管理的最优化，在实施过程中要重视信息的收集、分析与反馈，及时采取有效的控制手段。

第三节　我国高校教学质量保障体系的发展历程

教学质量保障体系主要指学校通过系统化的方法和组织结构，将与教学质量相关的各个部门和环节的质量管理活动有序地组织起来，旨在提高和保证教学质量。同时，学校努力控制教学和信息反馈过程中可能影响教学质量的所有因素，以建立一个有机整体的教学质量管理体系。

一、中华人民共和国成立前

（一）1862—1894 年

京师同文馆成立于 1862 年，福建船政学堂创办于 1866 年，两者在当时被视为具有典型性和代表性的教育机构。它们的宗旨是尽可能多地培养新一代优秀人才，使他们具备通晓各国语言与技术的能力，尤其是军事技术优秀人才。我国在

1894 年先后建立超过 30 所新学堂，这些学堂将西方现代学校的办学模式作为蓝本，对西方学校的教学制度与课程设置进行充分的参考，从而培养出诸多优秀人才。同时，这些学堂是清政府为应对紧急情况采取的有效措施。

（二）1895—1911 年

1895—1911 年是高等教育发展的重要阶段，在中国现代高等教育的发展过程中，京师大学堂、上海南洋公学以及天津中西学堂相继成立，并且作为中国现代大学的先驱，发挥了不可忽视的重要作用。清朝政府在 20 世纪推行了一项名为“癸卯学制”的教育改革，这是我国历史上首个具有现代意义且包含高等教育的完全中学学制。

（三）1912—1927 年

中国的高等教育发展进入多元化阶段，封建帝制的终结，在某种程度上为现代高等教育创造了新的发展条件，提供了新的“平台”。1917 年，蔡元培将德国“学术自由，教授治学”的高等教育理念在北京大学借鉴实施，以南京师范大学为前身成立的东南大学则借鉴美国大学的高等教育理念，到 20 世纪中期，东南大学的发展成就位于中国高等教育领域的前列。

（四）1927—1949 年

该时期以美国高等教育模式为主，融合欧美各国特点。1927 年 6 月设立“中华民国大学院”，成立一个独立于政府的大学委员会，专门负责审议全国高等教育发展的重要议题。在省一级实施大学区制，每个区域内设立一所大学，由区国立大学的校长担任大学区区长，全面负责学区内所有学术和教育行政事宜。

二、中华人民共和国成立初期

（一）1949—1957 年

中华人民共和国成立初期，我国的教育模式全部以苏联教育为模板，注重培养德、智、体全面发展的专门人才。

（二）1958—1977 年

该时期我国高等教育发展走独立自主、自我发展的道路，借鉴延安根据地的办学经验指导高等教育的改革。

三、改革开放后

1978 年后，改革开放的政策使中国的高等教育走出国门，博采众长。1985 年，我国颁布《中共中央关于教育体制改革的决定》，随后颁布实施《中华人民共和国高等教育法》《中共中央、国务院关于深化教育改革全面推进素质教育的决定》《面向 21 世纪教育振兴行动计划》等系列法规，通过对世界各国高等教育成功经验的充分参考和借鉴，进一步推动了高等教育改革的深化。

20 世纪 80 年代，我国开始对工科院校的评估计划进行深入研究；1994 年开始合格评估；从 1999 年开始，进行随机的评估；2003 年，基于以上评估方案，制定了教学水平评估的统一标准，并建立了每五年一次的水平评估制度；本科教学评估的第一轮于 2008 年圆满完成。高等教育质量保障体系以教育部管理的高等教育评估为核心，主体逐步形成。

随着评估内容的调整，高等教育质量保障体系已经发生新的变化，其中，质量保障的主体从单一的政府主导转变为自我评估，从政府直接参与学校管理成功转变为政府仅起到宏观调控的服务作用，并且积极鼓励中介机构参与和监督学校的教学质量评估，从而将高校的自主性和积极性充分调动起来。保障的主体已经实现多元化，采用多种保障模式，如政府宏观调控、社会参与监督等，保障的方式也从过去强调行政措施为主转为重视经济和法律的双重保障。在评价标准方面，从过去单一的学术和学历标准转变为更加实用的多元标准，并且评价指标从过去侧重于知识技能发展水平转向关注过程和结果并重，并将“培养什么人”与“怎样培养人”有机结合起来。为了全面提高高校的教育教学质量，采用多种评价手段，包括课堂评估、同行评估等，确保评价的全面性和准确性。

第四节　国外高校教学质量保障体系的特点与启示

教育质量是高等学校的“生命”和“灵魂”，无论是发达国家，还是发展中国家，建立覆盖全国的高校教学质量保证体系都是非常受关注的内容。因为各国对高校教学的理念和发展路径存在差异，所以高校教学的发展方向也因国家的不同而有所不同，并且环境和条件更是千差万别，每个国家建立的质量保障体系也各具特色。对于构建具有中国特色的高校教学质量保障体系，我们可以从分析和探讨部分西方发达国家的教育质量保障体系的特点和基本情况中获得积极的启示。本节包括国外高校教学质量保障体系的几种模式、国外高校教学质量保障体系的特点、国外高校教学质量保障体系对我国的启示三部分。

一、国外高校教学质量保障体系的几种模式

（一）政府部门主导型

政府部门主导型作为一种高校教学质量保障模式，在欧洲大陆与亚洲国家蓬勃发展，成为教育领域的一项重要举措，如荷兰等国家，它们都有自己独特的教育理念和管理经验。这些国家高校教学的共同特点在于政府对大学实行较为严格的控制，政府在高校教学中不仅扮演着的投资者和办学者的角色，还扮演着管理者的角色。在这一模式下，政府直接或间接地介入高等学校的管理中去，并作为其重要组成部分存在。这一模式的特点在于，政府组织对高校教学的质量进行评估，评估模式具备极高的权威性和广泛的影响力，对于国家对高等院校的监管和管理具有显著的裨益。如何提高高校教学质量是各国政府关注的重点问题。法国与荷兰作为高校教学质量保障运动的先驱，一方面，在教育质量保障方面积累了丰富的经验；另一方面，其特点十分具有代表性和典型性。下面笔者将以这两个国家的教育模式为例，进行深入的分析与阐述。

1. 法国

（1）法国高校教学质量保障体系概述

作为世界现代高校教学的摇篮，法国高校教学管理历经了漫长的自治性历史

沉淀。高度中央集权制的领导传统一直被法国高校教学管理体制遵循。法国教育部对高等院校的各个方面的政策和法规都进行统一制定，包括教师和教育行政管理人员的任命、调遣和提升，教育经费的分配，国家学位的鉴定和颁发。此外，大学对这些政策的实施也受到教育部的控制，这样做使高校教学的发展符合政府的利益，同时顺应国家的经济发展，为国家的经济发展作出贡献。

高校教学经费的90%是由政府提供的，在财政上对国家拨款的依靠是高校教学中央集权管理模式的典型特征之一。法国的高校教学系统有一个区别于其他国家的特别之处，即法国高校教学分成大学系统和大学校系统两部分。高校教学机构的开放性和普及性在大学中得到充分体现，同时大学实行广泛招生的政策，只要通过了高中毕业会考，同时获得相应的文凭，就有了注册入学的相应资格。在高校教学机构中，大学校以选拔型或者精英型为主导，相对来说招生人数少，入学要求很高，需要经过非常严格的选拔才能有入学的资格。大学校毕业的学生，在求职方面是有保障的。法国各种类型的教学机构、研究机构之间虽然存在一定的内部关系，但相互之间是独立的，它们各有各的工作职责，彼此之间互不干扰，几乎没有相应的沟通和交流。

对研究、文化和职业性的公立机构进行评估是国家评估委员会的宗旨，评估对象包括大学、高等工程师学校等，同时，国家评估委员会需要向教育部部长汇报评估情况。国家评估委员会的评估范围和领域受高校教学机构这种公共部门所承担的任务影响，比如，科学研究以及科研成果的使用、学生的生活条件、基础性的教育和更高层次的教育，还包括对高等院校的管理方式、管理政策等方面的检查等。

但国家评估委员会并不是对所有的内容和方面都有管理的权力，国家评估委员会未被授予权力的领域包括个人评估、课程批准等。所有由国家评估委员会组织的活动，其工作计划、评估方案和方法均由该委员会自主决策。因此，在高校中设立独立的评估机构很有必要。被评估的高等学府必须获得国家评估委员会实施评估后所得出的一系列结论和建议的反馈，以确保评估的准确性和有效性。

法国高校教学质量评估具有明显的政府控制特征，此特征在一定程度上制约了其发展。众所周知，质量评估的重要主体是政府，尤其是教育行政部门在质量评估中扮演着至关重要的角色，其职责范围广泛，包括审批、决策和监督等方面，对高校教学实施的质量控制是全方位的。这种模式呈现出一种“大政府，小社会”的权力结构，政府成为高等院校与社会联系的桥梁和媒介，在这种情况下，社会在高校教学质量评估中发挥的作用十分有限。此模式具有很多优点，由政府掌控高校教学的质量评估，不仅能够使高校的办学效益得到提升，更好地适应国家政治和经济发展的不同需求，也能够使社会的问责在一定程度上得到满足。政府对高校工作的方方面面进行统一规划，在教育活动展开之前，已经制定了相应的措施。学校的工作就是根据自己当时所拥有的资源和条件制订出一个切实可行的方案，并通过实施实现预期目的。所有的评估活动在规划完成后，均以此为基准展开。也就是说，政府对高校教学输入质量的关注在某种程度上已经超过了输出质量。在这种模式下，国家对高校教学的发展规模以及发展方向都是能够有效控制的。此外，这种模式能够对同一等级的高校教学采用同样的质量标准，高校教学的整体质量与平稳发展可以得到有效保障，因为可以采用与同一等级的高校教学相同的质量评估方式。

然而，这种以中央集权式为基础的高校教学质量控制模式存在明显的缺陷与不足。考虑到国家的教育价值观，外部的质量评估目的与学术自由之间会不可避免地产生冲突和矛盾，从长远来看，这种垂直式的管理模式和层叠的行政机构对高校教学的发展不利，会对整个体系的运行产生不良影响。

（2）经过革新后的法国高校教学的特点

①欧洲化和国际化

协调欧洲的大学教育，使其逐步形成适应整个欧洲的高校教学政策和体制，建立高校教学的欧洲模式，成为法国教育改革的目标模式。这反映了法国企图领导欧洲和在世界格局变动中处于主流地位的愿望。20 世纪 90 年代，法国出台的一系列政策性文件均反映了这一倾向。

②鼓励科技创新和校企结合

自 20 世纪 80 年代末以来，针对大学教育长期存在的“单一的理论教育”和脱离社会经济发展的状况，法国推行了以鼓励创新加强大学与科研机构和企业合作的抢占科技“制高点”的战略。为此，法国专门成立了教育经济委员会，加强对校企合作前景及相关政策的研究。从打破封闭性办学模式到鼓励师生创办新型企业，这是 20 世纪 90 年代法国高校教学领域的重大转变。

（3）主要评估机构

随着时间的推移，法国高校教学质量保障体系从国家直接掌控到社会中介的角色逐渐演变。从主要的评估机构设置角度来看，我们可以发现这一变化的趋势。一个是国家高校教学研究委员会，一个是高教评估所，这两个部门在我国都有较长的发展历史，但由于各自工作的目的不同，它们之间也存在一定的差异。作为一个独立的民间高校教学评估机构，高教评估受教育部的委托，并且每隔五年对各大高校进行一次评估。法国国家评估委员会进行的评估活动，是法国高校教学评估的主要形式。其评估指标分为教学、科研和管理三大部分，涉及面较广。

2. 荷兰

（1）荷兰高校教学质量保障体系概述

荷兰的高校教学质量保障体系因其卓越的教育品质与独特的职业化特征在全球范围内获得了极高的声誉与评价。荷兰的高校教学采用“宽进严出”的教育制度，为大多数人提供了进入高等院校接受教育的宝贵机会和平台。该教育制度为所有学科制定了相应的质量评估标准，同时组织专家对教育质量进行定期的严格审核，在此基础上形成一套完整的内部质量保障体制。在高校教学国际化与高校教学质量保证网络化的大背景下，荷兰对高校教学的外部质量保证体系进行了一系列深化改革，积极引入高校教学鉴定机制，以适应时代快速发展的需求，通过借鉴国外先进经验，结合国情，提出构建以高校自主评价为主，以国家监督为辅的高校教学外部质量检查体制。荷兰的高校教学管理体制采用中央集权、政府主导的管理模式，与法国相似。

为了解决荷兰高校教学大众化进程中出现的诸如大学生辍学严重、学业年限过长、教师动力不足、大学管理乏力、组织运作低效等问题，荷兰政府逐渐认识到，为了提高高校教学机构的活力和质量，必须寻找新的途径、制定新的政策，对现行的中央集权制度进行必要的革新。经过一系列改革，使各类高校初步成为在国家法律框架下运作的自治体。

荷兰政府向高等院校“下放”一定的自治权的前提条件是：高校教学机构需接受外部评估机构的检查，以证明其教育质量符合标准，并确保办学经费的合理使用，同时需具备保障教育质量的相关能力。历经多年的努力，荷兰的高校教学质量保障机制建设已经取得显著的成效，构建的高校教学外部质量保障体系已经比较完善。

（2）校外质量评估

根据荷兰政府的最初规划，高等院校的内部评估由学校负责，高等院校的外部评估则由校外组织负责，如高教督导团、大学协会、高等职业教育学院协会等校外评估组织。而到 1986 年 4 月，由于高校质量和质量保证均是高校自身责任的观点被成功论证，荷兰教育、文化和科学部同意由高校自主设计足以覆盖教学、科研和服务等高校主要活动的校外质量评估体系。经过 10 年探索，较为健全的、颇具特色的校外质量评估体系在荷兰基本形成。

①大学协会

荷兰大学协会是各大学集体参加的一个跨单位组织，对大学的教学和科研质量进行校外评估是其主要职责，而其中的教学评估和科研评估是分别进行的。提高教学质量、提升教学质量的透明度、提高高校教学体系的自我管理功能等是这个协会的教学质量评估的主要目标。评估内容以学科课程为主，以教育管理监督为辅。评估方式以自评和校访检查为基础。对于视察委员会提出的意见和建议，大学协会与教育、文化和科学部会责成有关高校加以改进。

②高等职业教育学院协会

自 20 世纪 80 年代初以来，高校教学的非大学部分发生了根本性变化，但非高等职业教育的质量评估体系的发展，则远远落在大学的后面。为此，荷兰专门成立了高等职业教育学院协会，负责评估非高校教学机构的教育质量，确保其评估的真实性和准确性。

（二）民间中介组织主导型

在社会中，评估机构的设置通常采用官方或半官方的方式，其中民间中介组织主导型则主要依靠认可评定活动来实现。由于我国的高校教学评估活动起步较晚，目前还没有建立起独立于国家和行政机关之外的第三方评估体系。高校教学的评估活动在政府的科学指导下，遵循不介入评估、不干预评估、不制定评估政策的“三不”原则。政府在高校评估活动中既不是完全处于主导地位，也没有绝对的发言权，其地位和话语权受到一定的制约。尽管如此，政府和高校的评估活动并不相互排斥，政府在评估活动中同样扮演着独特的角色。政府在对教育评估活动进行干预时，必须以法律和法规为依据，同时要根据不同时期教育发展的特点以及教育改革的要求作出相应的变化。在充分尊重、支持和依靠评估活动的前提下，政府运用其独特的管理理念对评估活动施加影响和作用。

民间中介组织主导型高校教学质量保障体系模式与其他模式最大的不同在于：在教育经费的分配中，政府在不干预和影响学校自主权的前提下，民间中介组织发挥着市场机制的作用。学校能够按照评估的结果向政府提出自身的合理要求，同时社会能够按照评估结果进行学校专业的筛选，社会上需要聘用人才的公司或机构也可以利用评估结果对毕业生进行选择。但是民间中介组织主导型也存在明显的缺点和不足，一方面，完全由民间中介组织主导的高校教学质量保证体系，对其认可的标准将会偏低；另一方面，在这种模式下由于认可标准的多样性和差异性，大学的质量提升受到不利影响。

1. 美国高校教学质量保障体系概述

美国是民间中介组织主导型的代表。美国联邦法律和行政法规是保证大学独立办学的基本制度，联邦政府与教育之间的关系在美国宪法中被明确规定，并对其产生了较强的制约作用。在一段时间内，美国并未建立起全国范围内的教育管理机构，高等学校的治理权限主要集中在州级，并且在管理高校的过程中普遍比较松散，对高等院校管理的控制程度也有很大的不同。所以，高校拥有的独立性和自主权是相当大的。换句话说，在美国的高校教学体系中，一项显著的特征是将权力下放到不同的领域，实现了多样化与分权化。

此外，美国拥有发达的自由市场经济，并且私立高校教学是美国高校教学建立的基础，自始至终，在高校教学管理中占据重要地位的就是社会力量。这些独特的政治、经济、文化及教育背景对美国高校教学质量评估体系的形成产生了重要影响，这种体系坚持的是一种非官方的监督制度，从而促使其以各级专门机构和民间组织为主体、以院校和专业认证为核心的质量评估体系基本形成。

2. 美国高校教学质量评估保障体系

（1）政府质量评估

从政府的层面来看，美国联邦教育部并不具有为高等院校制定标准和定义质量的法定权利，但是，它通过美国高校教学法的授权，不仅享有管理联邦助学金项目的权利，还具有管理其他联邦项目的权利。

如若参与联邦助学金项目或其他联邦项目，高等院校与专业必须满足一定的资格要求，这对高校教学质量有间接的促进作用，从而保证了认证机构的权威性。教育部要求认证机构至少在学生成绩、课程、师资、设施、财政和行政能力、学生后勤服务、招生、学位目标和学位标准等具体方面制定相应的评估标准或准则。此外，评估认证机构对包括师资水平和教学设备在内的教学条件非常重视。同时，学业成就是认证机构着重强调的评估内容。认证机构并不是永远拥有评估权力，它们需要每隔五年就被教育部重新认可一次，这个认可周期是相对于已经建立一定年限的认证评估机构而言的，对于新建立的认证评估机构，教育部对其的认可周期是每两年就要重新进行一次认可。

认可的基本程序分为四个步骤，包括提出申请、教育部审核、专家评审、教育部部长审核与决定。尽管美国教育部可以根据法律规定，以联邦政府教育部门的身份进行高校教学质量的认可工作，但这种认可并非强制性的。通过认证的高等院校在发展过程中都会受到政府相关部门、社会团体以及其他个人等不同利益相关者的支持与帮助。在未获得教育部的认可之前，认证机构的存在是合法的，并且其认证工作能够正常进行。这是因为，在进行高校教学认证时，需要有一定数量和规模的教育主管部门来作为其主体参与其中，教育行政部门又是政府管理高校教学事务的主要部门之一。此外，尽管评估机构所得出的认证结论已经获得教育部的认可，但并不意味着它们对高等院校或院校的专业具有法律约束力，这是美国教育部特别强调的。虽然是否经过教育部的认可的决定权完全掌握在教育机构自己手中，但是为了增加认证工作的权威性，以及为了获取联邦政府的资助资格，大多数院校还是更愿意接受通过美国教育认可的认证机构的评估。而为了获得大多数院校的认可，大部分认证评估机构也愿意通过美国教育部的认可。

美国最直接的政府评估是州高校教学质量评估，它的评估形式主要有两种，第一种是许可证审批。在获得州政府颁发的许可证后，所有的高等院校可在州内颁发学位与证书，这是不可或缺的。第二种是绩效评估。主要是针对公立学校，重点通常在于资源的使用效率和效果上。州政府要求学校向州教育管理部门和公众证明它们把州的教育经费用在诸如改进本科教育、基本技艺教育和职业准备等最需要的地方，以表明其绩效。

（2）社会质量评估

社会质量评估可分为认证、认可和排名三种形式。

①认证

美国高校教学质量评估体系最重要的组成部分就是认证制度，此制度发展至今，已经形成全部的认证过程，均由社会中介组织运作其基本结构。院校认证和专业认证是美国高校教学认证体系的两个部分。院校认证和专业认证得出的认证结构所带来的影响将是深远且广泛的，它将在社会的各个领域获得广泛的认可和认同。因此，对于高校教学来说，要想保证质量，就必须加强高校教学认证制度建设。在美国高校教学的质量保障过程中，认证扮演着至关重要的角色，其地位可以被视为基础性的。全国性认证机构的认证职责仅限于对某一特定类型的高校进行认证，而非其他类型的认证，承担着对全国专业职业院校进行认证的责任；另一部分负责对全国信仰性院校进行认证，主要对高等学校内各学科领域的专业以及专门职业性或单科性院校进行认证。

认证机构虽然有很高的独立性以及自治权力，但不能想怎么做就怎么做，想做什么就做什么。在美国高校教学领域，从事认证活动的机构种类繁多，其数量之庞大令人瞠目，因此必须有相应的管理机构对其进行管理和监督。在美国，教育部和高校教学认证委员会主要负责对高校教学认证机构进行管理。美国教育部依照相关法律，要公布国家认可的认证机构名单。能够列入该名单的，高校教学项目的教育和培训质量必须得到经过认证的高校教学机构的认可，并且这些机构必须具备可靠的权威认证。认证机构的权威性就是通过教育部的认可得到保证的。

②认可

成立于 1996 年的美国高校教学认证委员会是唯一对高校教学认证机构进行认可的非官方组织。美国高校教学认证委员会通过对认证机构的能力和质量进行审查和验证，同时对其认证行为进行有效的规范，实现三大认可目标。具体而言，就是提升学术品质，确保认证机构承担相应的责任和义务，积极推动有目的性的改革与必要的改进。

③排名

排名是指借助特定的指标体系，按院校或专业的资源和能力，将其排序。现在美国的大学排行主要由新闻媒体发起、组织、主持并发布。最突出的大学学院媒体推动的排名，由于高频率的活动、简便的操作等特点，备受美国普通公众重视，甚至引起许多其他国家的关注。在我国，虽然此类排行榜并不多见，但是因其具有很强的针对性、影响力大以及对高校有很好的导向作用，受到众多学者的推崇。然而，由于这个特征的存在，这类排名在高校教学领域引起了不同的反响，评价褒贬不一。

（3）学生质量评估

①学生评教

在美国高校的教学管理实践过程当中，学生评教是一种被广泛采用的特色措施和手段，其积极作用是推动教师持续性地改进教学方法，大幅度提高高校的教学质量。教学评价量表在学生评教的实践中是被广泛采用的一种评估方式，具有一定的客观性、公正性与权威性。大部分高校均采用多种形式的问卷或调查表收集教学信息，调查一般由学校自已编制并发放给教师，因为不同高校的教育者对“成功的教学”或者教学评价标准的观点存在差异，所以他们设计的教学评价量表也各不相同。随着学生评教方法的日益成熟与完善，在其影响下问卷调查呈现出规范化和标准化的发展趋势，并且此趋势在近年来愈发明显。主要有两层不同的含义，一方面，各个高校现已不再随意制定问卷，而是由专业的教育评估机构主持，经过专家综合地研究和制定，甚至可能拥有版权。以先进的教学评价思想作为指导，问卷的可操作性和效率得到显著提升，从而确保其有效性和实用性；另一方面，经过深入研究，总结出影响不同类型课程教学效果的共性因素，并将其概括为一份标准化的问卷，该问卷可适用于不同的学科、学校。通过对大量问卷进行统一统计、分析、比较以及研究，能够实现高度精准的数据收集。美国教育测验服务中心设计的《学生教学报告》是具有代表性的教学量表。

②学生满意度调查

学生满意度调查是美国高校为了实现全面质量评估所进行的一种自觉的校生关系管理行为。为了满足自身需求，大学自愿向认证公司提出有偿申请，随后该公司会向其全体或者部分学生发放调查问卷，并按照调查结果，同时结合全国大学生满意度调查情况，提交一系列具有较高真实性的调查报告。美国高校教学市场化的必然产物，是通过对大学学生满意度进行调查，从学生满意的角度系统地观测教育服务质量的一种方式。学生的满意度测评实际上是高校教学消费者行使权利的一种方式，它在某种程度上进一步反映了他们对所使用或购买的产品以及服务质量的有效评价。

（三）中介机构与院校结合型

1. 英国高校教学质量保障体系概述

英国高校教学系统由 50 所老大学、85 所新大学以及 300 多所地方学院组成。英国高校教学具有悠久的历史传统，大学自治、学术自由、专家治校等理念对世界高校教学曾产生深远的影响。在英国高校教学中，大学自治理念是备受推崇的，被誉为重要基石。传统大学在学术决策、言论著述等方面始终享有充分的自治权，其发展在遵循大学内在逻辑的同时，会受到政府与市场的限制与束缚。尽管英国政府于 1919 年专门设立了大学拨款委员会，但该委员会的职责仅限于对大学的经费需求进行调查，将政府划拨的经费分配给大学，未具体介入大学事务，更不负责监督和管理大学教育质量。这种以国家为中心的管理模式使大学成为一个独立于社会之外的实体，而不是作为一个自治团体存在的组织机构。大学的质量评估在第二次世界大战之前一直被视为大学自身的职责，因此大学享有“免检”的特权。

英国是院校自主型质量评估模式的起源之地。大学质量的核心在于其自主负责，学术专家对其进行科学、合理的评判，不允许外界的干预。传统的英国高校教学质量评估模式主要涵盖三种制度：第一，教学开业证书制度，要求学生在完成学业后通过考试获得大学毕业生学位或教学毕业证书。第二，入学考试制度。在英国，大学新生的选拔采用严格的入学标准，确保高校教学质量的控制在“入口”处得到有效实施。第三，校外同行评审制度。为了获得高校教学界的认可，一所大学必须聘请多名“校外督察员”，全面评估和评审教育目标、课程计划等。大学自治的传统，实际上并非源于国家权力与市场作用的直接结果，而更多地源于大学固有的本质属性和自我保护机制。大学自治的形式有多种，其中最基本的是以学校为主导、以政府为主干的“院校自决”型模式。高校在院校的自主型模式中是质量评估活动的主体，政府和社会未参与其中，或者参与程度较低。站在权力结构的层面看，院校自治与学术力量在权力结构中扮演着至关重要的角色，国家权力和市场力对其影响微不足道。在该模式中，高校成为真正意义上的决策程序主体，拥有独立于行政系统之外的自主权，其办学行为受法律规范约束。为了进一步提高高校教学质量，高校内部组织机构由学术专家组成，采用校内自我评价和外部同行评价相结合的方式，对输入质量与过程质量进行合理评估。

英国的高校教学在第二次世界大战结束后得到巨大提升，这使原本被视为精英教育的高校教学系统逐渐向民众与社会敞开大门。所以，高校自主制定发展目标、质量标准以及质量评估机构、人员等的自主型模式已不再符合政府和社会的期望。对于该模式的主体和权力结构的单一性，人们开始质疑，随着社会经济文化的不断转型，人们逐渐认识到传统体制下精英式人才培养模式已经不适应时代需要。由于大学与社会距离较远，其发展速度和规模都比较慢，再加上观念的陈旧，因此无法使社会对高校教学的多元化需求得到充分满足。20 世纪 60 年代后，英国高校教学面临三大挑战，即扩张、多样化和大众化。扩张是为了满足教育民主化浪潮下民众对高校教学日益增长的需要，导致英国 20 世纪六七十年代和八九十年代两次大规模的扩张，学生人数大量增加。多样化是 20 世纪 70 年代后经济转型、结构调整的必然结果。英国为此在大学之外兴办了一批职业性多科技术学院和其他学院，以提供不同类型的学校去满足不同学生的要求，由此形成大学和非大学的二元结构。高校教学大众化的结果直接引发了严重的教育质量问题，学生太多，负荷过重，经费短缺，校园拥挤，以致很难进行正常的学习、工作和管理。作为高校教学质量的生产者，学校有责任自行评估其质量，但内部评估的监控机制存在一定的缺陷与不足，因此需要外部力量的介入，以实现内部评估与外部评估的有机结合，从而取得更好的效果。

英国的高校作为自治机构之一，实行自治，通过选举的方式产生校长，而非政府委派。政府对高校的管理主要是以法律为依据，同时受到社会环境的制约和高校教学自身发展规律的约束。高校并非政府的从属机构，并且政府与高校之间并无行政上的从属关系，因此政府无法直接下达指令，只能通过评估等中间机构的运作对高校的发展产生间接影响。在学术决策、项目研究等方面，学术专家扮演着不可或缺的角色，是学校内部质量控制的核心力量。学校必须建立相应的组织管理机构和运行机制，保证学术专家充分发挥应有的功能。英国按照专家治校的特点，充分参考和借鉴全面质量管理以及ISO9000标准，构建了一套内部教学质量控制体系，确保教学质量。为了确保英国高校内部质量控制的有效性，各高校采用了三种不同的评估教学质量的方法，分别是自我检查、学生反馈和同行评审，这三种方法的综合应用构成了英国高校内部质量控制的基本组成部分。

2. 英国高校教学质量评估保障体系

从院校自治到政府控制再到两者合作，英国的高校教学质量保障体系一直在不断革新。这种现象主要存在于以英国为代表、具有悠久大学传统的欧洲国家。自治不仅是高校教学发展的必然趋势与客观需求，更是高校教学自我调整和完善的内在机制、内在逻辑。它通过组织结构和运行机制等方面实现了高校教学内部各要素之间以及外部各种关系的协调，促进了教育事业的健康发展。随着高校教学的蓬勃发展，高校教学机构的建立成为提升国家综合实力且需要政府投资的一项专门活动，从某种程度上来说，这是在客观层面要求高校教学机构积极响应国家和社会的不同需求。高校内部在政校合作型范式中建立了一套系统化、制度化的质量评估机制，以自我评估方法为主，对高校教学过程的质量进行重点监控，以维持学术标准，推动高校教学质量的改进和提高，并向外界提供质量信息与证据，从而有效避免过度的外部干预。为了确保高校教学投资得到合理与恰当的使用，并尽可能多地产生更高的社会效益，政府通过教育行政部门或者中介机构，采用不同的方法，如外部审计等，对高校的办学资源以及条件进行合理的质量评估，强调输入保证的重要性。相较于教育行政部门的直接介入，政府设立的具有官方性质的中介机构作为政府与高校之间的缓冲器以及政府对高校教学的温和控制手段，具有更加显著的优势。因此，在政府主导下形成了多种高校教学第三方评价机构并存的局面，并呈现出不同的发展特点。英国范式作为高校教学质量评估模式之一，是一种半官方中介机构与高校合作的模式，由政府主导，它不仅可以提高大学的教学质量，还能够为国家经济发展提供智力支持。高校教学质量评估的责任由高校和政府共同承担，前者是内部质量评估的主体，后者则是外部质量评估的主体。

在院校自治和绩效责任之间，政校合作型范式已经达到一种相对平衡的状态，这种平衡状态体现了政府与学校之间的紧密合作。在这种模式下，学校主要依靠自己拥有的师资力量和学科基础保障教学质量。但是，国家权力与院校自治力量是主导其运行的核心，市场机制的作用与影响则相对有限。由于缺乏必要的外部干预，高校普遍忽视教学质量保障中的市场调节机制。由于市场调节机制的自发性、低成本等优点无法得到充分发挥，高校教学质量评估所需的人力和财力投入巨大，这导致社会对质量需求的反映不及时，高校办学缺乏应有的活力。因此，构建以市场为基础的高校教学质量保证体系成为各国普遍采取的策略。英国的高校教学质量保障体系呈现出多元保证的特征，这是由政府教育改革的市场取向和大学自治理念的结合导致的，大多数高校教学经费由国家资助，这种保障方式是一种以学校为主体、以学生为中心、以质量保证为核心的保证体系。

（1）高校内部的质量控制

高校教学机构内部的质量控制旨在维护与提升教育质量的管理过程，其中包括高校为达到特定的质量标准采取的一系列措施和行动。它通过政府干预市场实现高校内部治理结构的变革，从而提高学校教育水平，促进教学质量提升。在学术决策、项目研究等领域，学术专家扮演着不可替代的自主角色，成为校内质量控制的核心力量。英国根据专家治校的特点，借鉴全面质量管理和 ISO9000 标准，构建了一套内部教学质量控制体系，确保教学质量的高水平。该系统以学校战略需求作为具体导向，通过建立科学有效的评价指标体系进行综合评价，覆盖多个方面，如教学资源分配、课程发展等，形成了一个全面、系统的教育体系。

①常规监控

通常情况下，在学年结束的时候，开设该专业的院系会自行实施常规监控，以评估该专业是否真正实现了既定目标，以及学生的学习成果是否达到了设定的具体要求。在评估过程中参考的因素主要包括以下几个方面：教职员工对课程的管理、授课情况以及成果的评价，学生的反馈和学习情况，负责专业鉴定的专门职业机构和其他高校内外质量评估机构的报告，以及往届学生及其雇主的意见等。此外，监控的内容还包括对学术标准、评估过程和评估结果的综合评价，学校和院系的学习条件，资源缺乏情况和对未来发展的需求等。在此基础上对课程设置作出调整，保证课程的有效性。

②定期审查

定期审查通常每五年一次，由学校主持。各高校往往聘请外部专家参与，主要考察学校为各专业设定的培养目标和学习产出是否仍然适当，一般会考虑的因素有：作为常规监控的结果，针对课程设计和实施所做的各种变动调整的实际累积效果；该学科目前研究、应用的实际情况和技术优势；外部参照点的变动，如质量保证框架、学科基准、专业机构要求等。

③学生反馈

每一所高等学校都强调学生对教师授课的评估。学生的课程评价可以通过口头表达意见和提出建议，或者使用正式的评估问卷等形式进行。评估主要采用定量方法，如评分法、加权平均法、定性分析方法等。有些高校的正式评估问卷是在网络上完成的，为了充分激发和调动学生积极参与评估，高校会采取一些激励措施。高校在对评估结果进行深入分析后，将结果反馈给系主任与任课教师。

④校外同行评审

英国高校还有颇具特色的校外督察员制度。每隔三年，学校会聘请一些独立的优秀学术专家专门作为校外督察员，这些专家可能来自其他学校，也可能来自相关的实际工作部门。在这些校外督察员中，有些人是以指导教师和学生为主，有些人则直接负责研究生培养质量监督工作。每一年，校外督察员需参与学位授予评价的全过程，对存在疑问的学位授予情况提出建议，并就教学课程的课程结构、内容是否均衡等提出中立的咨询意见，以实现向主管校领导提交年度报告的目标。

（2）QAA 质量保证

QAA（高校教学质量保证署）作为社会中介组织，独立于政府与高校之外，致力于为英国高等学府提供全面的、系统的质量保障服务。QAA 与各主要的高校教学拨款机构签有合同，其核心工作是负责评估英国高校教学的学术标准和质量。

①学位资格框架

QAA 参与学位资格框架的主持与制定，并且对高校教学各个层次的学历和学位的特征与标准进行明确的界定，如荣誉学士学位、硕士学位等，为高校教学的发展提供了明确的指导。它不仅使大学获得了授予相应学位的权力，还为不同类型学校提供了选择学位的权力。在向公众展示学历与学位含义和等级的同时，它向人们保证，无论来自英国哪所高等学府，只要是相似的学位或者学历，就代表着同等的学术水平与水准。学位资格框架共有两个：一个适用于英格兰、威尔士和北爱尔兰，另一个适用于苏格兰。

②院校审核

高校教学外部质量保障体系 QAA 成立后，逐渐形成一种统一的运作模式，该模式的主要责任不仅包括努力完成原高校教学拨款委员会在学科层次的科目审查，还包括其在院校层次的学术质量审核，同时把这两项工作合称为学术审查。在 1998 年至 2002 年期间，学术质量审查经历了一次更名，现在被称为二次审核。学术审查主要对高等学校的教育活动及其成果进行监督。学术审查包括三个相互关联的方面：第一，审查学校对学术标准掌握的具体情况。第二，审查学校为学生提供的学习条件质量。第三，审查学校对质量与标准的管理。这三种形式各有不同的侧重点，其中前两个主要从学科层面出发，后者则是在高校层面的审查。

整个审核流程大致可以归纳为三个阶段：第一，前期准备。包括院校和 QAA 召开预备会议，QAA 确定审核小组成员，院校提交审核材料。第二，实地调查。主要是院校调查，包括简单调查和审核调查。此外，还将根据实际需要有选择地进行学科追踪审核或专题质询。第三，得出结论并进行后续追踪。院校的可信赖度在最终公布的审核报告中被划分为“广泛信赖”“有限信赖”“不可信赖”三个等级，供社会参考。QAA 规定了院校提交行动计划和改进报告的时间限制，以进一步对“有限信赖”和“不可信赖”进行合理判断。

（3）社会评估

①校外人员直接参与学校管理

以校董会成员的身份积极参与学校的发展规划和校长人选的确定等重要工作，为学校的长远发展注入强大的动力；作为校外同行专家，积极参与校外考试工作，并对教学过程进行严格监督；以企业代表的身份积极参与学校专业设置的论证工作，并对市场前景进行评估；以毕业生代表的身份对“产品”的社会适应性等信息进行及时反馈，同时提出改进教学质量的有效意见，促进教育事业的进一步发展。通过对校外同行专家在高校教学中作用的调查研究发现，他们是一种重要而又特殊的人才类型。对于工程、法律等专业的学生而言，他们毕业后通常需要获得相应的执业资格，所以这些专业必须接受专业或法定团体的有效认证。

例如，英国健康服务中心将对医学专业进行专业评估，确保其质量和专业性。

②全英科研评估

全英科研评估（RAE）是另一项影响较大的质量评估活动。英国的大学向来有追求纯学术研究的风气，轻视社会生产和实践，其经费多靠私人捐助和学费维持。但随着19世纪后半叶经济和科技的发展，英国的经济、科技竞争力落后于美国、德国，英国下决心资助高校教学事业，于1919年成立大学拨款委员会，1988年大学基金会取代大学拨款委员会，代表政府在各大学之间分配教学和科研经费。英国的科研经费主要通过两种不同性质的渠道筹集：通过大学基金会拨款，主要用于实验室建设；由学校申报具体科研项目，从科研委员会获取。在大学和学院基金会基础上成立的高校教学基金委员会沿用了上述坚持双渠道、提高竞争力、有重点、按质量拨发的原则。但强调每一个拨款对象都应该是经过评估的机构。

科研评估的主要方法包括：建立学科专家组，各学校按评估单元准备和提供书面报告，各学科专家组确定并公布各自的评估指标体系及工作程序，学科专家组根据评估指标体系进行正式评估打分，英国高教基金会根据学科评估结果在各学科之间和同一学科不同学校之间分配科研经费。科研评估对各高校的经费来源、学科建设、社会声誉乃至国际地位影响甚大，各高校均不敢掉以轻心，专门成立相应机构指导协调该项工作，并力求在学科特色上下功夫。评估活动已成为英国政府监控和提高高校科研质量的有效手段。由于评估与经费挂钩，也会产生一些短视行为，如各学校之间竞争的加剧，必然会削弱学科之间的相互交流与合作。此外，评估的主要指标是科研成果和论著，这对于一些新兴学科、交叉学科、应用学科及短期很难见到成效的学科的发展不利，需要在实践中加以改进。

（4）学生的质量调查

与美国相比，英国大学的学生调查开展得较晚，但近年来许多大学纷纷开展校内的学生满意度调查，学生有选择参与调查的自主权利，先由高校做好学生基本情况调查，愿意参加调查的学生的资料将被直接提供给 Ipsos MORI（益普索—莫里）公司。在英国 QAA 的院校审核中，学生也发挥着积极的作用。首先，在前期准备阶段，院校提交的审核资料中包括学生代表团体单独的书面材料。其次，无论是何种类型的实地调查，与学生面对面交流都是不可或缺的一部分。最后，

QAA 有专门人员负责学生事务，并与学生代表团体合作，帮助广大学生了解并参与到质量保障工作中去，甚至在 QAA 的理事会中也有学生代表一席。把对学生学习经历的调查纳入英国高校教学质量保障框架，专门为学生开辟了一条高校教学质量反馈渠道，这无疑是英国高校教学发展的新动向。

目前 NSS（英国大学生满意度调查）使用的是“大学生满意度量表”。该量表是对 23～30 岁的大学毕业生在大学的课程学习经历的调查，分成 6 个维度，每个维度都包括 3～5 个问题，每个问题有“完全同意、基本同意、无法确定、基本不同意、完全不同意”5 个等级设计。最后还有一个对课程质量的总体满意度评测。这一量表主要通过网络在线方式提交，Ipsos MORI 公司会用电子邮件将 NSS 网络链接发给愿意参与调查的学生，并用邮件和电话的方式来补充调查。NSS 调查的数据会形成一份总的调查报告，发布在教学质量信息网页上，既作为高校间教学质量信息的比照，又和 QAA 一起作为英国高校教学质量保障的框架组合，更可以为未来学生申请学校和专业提供参考。

此外，NSS 还将根据每个参与学校的组织管理结构，形成分析报告，直接提交给各个学校，为学校的发展提出建议。如果学校需要原始的统计数据，NSS 也会委任 Ipsos MORI 公司安排专家，帮助学校做必要的统计工作。以 NSS 为代表的学生学习经历调查把学生摆在高校教学质量评估和保障外部主体的位置上，为英国外部质量监控提供了新视角，同时从主体构成方面丰富和完善了英国高校教学的质量保障框架。

（四）统分结合型

1. 日本高校教学质量保障体系概述

日本高校教学系统由国立、公立和私立三种类型的大学，以及四年制大学、三年制高等专科学校、两年制短期大学和专修学校四种形式的学校组成。2001 年，日本文部省提出“大学结构改革方针”，对高校教学结构进行重大改革，其主要内容是：对国立大学进行重组和合并；将国立大学改革为与独立行政法人不同，采取民间经营方式的新模式法人，使之更具有灵活性、战略性和竞争性；实行通过第三者对大学进行评估的制度，推动大学开展竞争；以研究生院为单位，对大约 30 个领域予以重点建设。上述改革将对日本增强大学活力、提高国际竞争力以及建立多元化的质量保障体系产生重大影响。

2. 日本高校教学质量评估保障体系

（1）合格判定制度

合格判定制度亦称为基准认可制度，由大学基准协会依据大学设置基准对大学设置的资格进行质量认证。这种基准实际上是指设置一所大学所必需的最低标准，包括学部学科和讲座制的编成、教师的编成和资格、学生定额、学位、授业科目、授业方法、毕业条件、设施设备等。合格判定的程序是：先由申请学校进行自我检查、评价，上交自评材料；再由基准协会通过各种方式进行检查和评价；最后由协会评议员会和理事会对加盟判定委员会和互相评价委员会的结论及建议、意见、忠告等进行审议，各大学将会在审议通过之后收到最终的结论。

（2）校外第三者评价

校外第三者评价有一个变化过程，开始由各大学独立邀请校外人士或利用大学基准协会的相互评估进行，之后由全国性、专门的评估机构进行。校外评价作为日本大学评价的重要内容，是法律赋予大学自身的责任。大学审议会对校外评价的形式未做统一规定，需由各大学自己探索。

二、国外高校教学质量保障体系的特点

（一）普遍建立

自20世纪80年代中后期以来，高校教学进入普及化和国际化的时代。对于高校教学管理来说，无论是发达国家，还是发展中国家，都将致力于构建一个覆盖全国的高校教学质量保障体系作为侧重点，以确保每个人都能享受到高质量的教育。其中，普通高等院校是最基础、最重要的环节，它直接关系着整个社会的人才质量以及国家的经济实力。在国外，许多国家把教学质量作为学校生存与发展的生命线，如在美国的一些高校中，甚至将确保教育质量视为一项专门的任务和职责。世界上很多国家都把高校教学的教学质量与社会进步联系起来，并通过各种措施保证其实现。在全球经济一体化的大趋势下，高校教学的全球化竞争变得越来越激烈，世界上许多国家都把提高本国的高校教学水平作为重要战略措施之一。在全球范围内，提升高校教学水平已成为各国政府教育主管部门普遍的共识。

（二）保障的范围比较宽泛

在全球范围内，高校教学的质量保障涵盖广泛的领域，其中包括以整体评估为主的学校和以学科评估为主的学校，也有以科学研究评价为主的学校。但从总体上来说，教学领域是各国质量保障的重点。内部的质量控制与外部的质量保障相结合，在自我评价的前提下以“评”促“建”、以“外”促“内”，是各国高校教学共同采用的方式。

单一的质量保障模式并不完善，如自 1991 年起，日本引入自我检查和自我评价机制，经过长达 10 年的认真贯彻和实践，深刻地感受到这种机制的重要性，并且要想达到大学评价的预期效果，将外部的第三者评价机制作为自我评价机制的补充是非常必要的。这些评价机制共同作用最终形成了评价结果，为了确保高等院校在政府推动、市场吸引力和社会压力下能够自觉地承担起质量保障的责任，必须与办学经费进行紧密的关联。

（三）学生在高校教学质量评估中发挥重要作用

在西方许多大学中，学生参与学校管理早已成为一种制度，这是顺应服务型大学的发展趋势而出现的。比如，在法国，学生以多样的形式参与质量监控。首先，学生在院校评估中发挥作用。其次，学生积极参与高校教学管理。最后，充分调动学生进行教学课程和培训项目评估的理念正逐渐被实行和推广。

三、国外高校教学质量保障体系对我国的启示

（一）强化质量意识是高校教学大众化的内在要求

分析发达国家的高校教学发展历史，了解它们的高校教学质量保障体系，是为了在我们的发展过程中学习它们的优点，吸取它们的教训。我国正处在实现高校教学大众化的关键阶段，发达国家走过的弯路在我国的发展过程中同样有可能出现。我国高校教学质量保障体系必须以正确的质量观念为指导，不断强化自身的质量意识，唯有如此，才能不断提高教育水平，避免或减轻与其他国家类似的质量综合征，也是我国高校教学质量保障体系良好发展的重要前提。

我们必须既保证质量，又努力实现教育的大众化，这两者应该兼顾，而不能

失衡。用精英教育的质量观去限制高校教学大众化的发展不可行；反过来，一味地发展高校教学的大众化，而不顾质量、不顾条件地进行盲目扩张同样是不可取的。只有在保证质量前提下进行的高校教学大众化，才能使有限的教育资源得到充分利用。所以，高校教学的普及化和大众化所需的内在要求是对教育质量的高度关注和重视，同时其必须得到强化和重视。

（二）注重高校教学评估体系的动态性

评价体系具有动态性的特征，从某种程度上代表着在确立高校教学质量体系的时候，必须密切关注学科的演进、社会的变迁以及学生的特质变化，因为评价体系的动态性需要不断关注和调整，并在评价指标中反映这些变化。为社会提供合格的专业技术人才和管理人才，是我国高校教学质量保障的目标之一。与此同时，必须具备高度的政治担当责任感以及较高的共产主义道德素养，这也是不可或缺的。

在不同的时期，对高校教学质量保障体系的需求也是不同的。因此，随着时间的推移，高校教学质量保障体系在不同时期所需的标准或者指标也发生变化，只有保持弹性并具有灵活性和动态性，才能顺应时代的发展，才能与时俱进，符合不同时代的要求。

评价专家的组成同样应该具有动态性，包括建立一套动态性的专家培训机制，这也是高校教学评估体系动态性的体现和反映。通过全面分析和研究高校教学评估体系人员的具体构成，我们发现评估团队是由教育部从各高校抽调的教育行政管理人员组成。容易形成“关系评估”是这个团队显而易见的缺陷，一旦评估结果受到某种关系的影响，就很难使学校真正的教学水平和科学研究水平在评估结果中反映出来。所以，建立一套动态的、灵活的评估机制，可以在最大限度上降低人为因素的干扰，从而尽可能地避免评价结果的失真。

（三）发展中介性评估机构

在我国，高校教学评估一直被视为一项行政职责，其重要性不言而喻。这种模式有一定的优势，也有自身的缺陷。我们可以从发达国家高校教学质量保障体系模式的演进过程中汲取一些宝贵的经验与教训，以提高教育水平。其中，政府对高等学校实行宏观控制是非常重要的经验。我们应该致力于培养与发展社会中介组织，逐步实现从行政管理向其他手段的转型，如通过立法、拨款等行政手段在宏观层面上进行有效的管理。同时，加强对高校内部管理体制的改革，使之符合市场经济条件下政府与高校教学之间关系的要求，逐步将高校教学的具体业务管理工作委托给社会中介机构，逐步构建与完善高校教学社会中介体系，以社会中介组织为支撑，真正实现我国高校教学体系的自我规范与提升。

值得注意的是，社会中介评价机构的建立涉及方方面面，与之配套的相关法律、法规必须同时建立，这样才能使社会中介机构的行为得到约束。只有这样，才能使社会中介机构在获得高等院校的支持方面得到保证，并且使社会中介机构的评价活动和评价结果能够做到公正、公平、公开。

（四）加强对高校教学评估人才的培养

高校教学评估人才建设的两个主要方面是高校教学评估机构的人力资源建设以及高等院校自身的人力资源建设，这两者共同构成高校教学评估人才建设的核心。从某种意义上说，这两者相辅相成，缺一不可。高校教学的品质不仅是确保国家和地区教育竞争力的核心要素，也是国家与地区在文化、经济等领域展现竞争力的重要因素。可见，高校教学质量问题关系着我国未来社会发展的进程，甚至影响整个民族的素质与精神状况。对于高校教学而言，必须持续不断地保持警觉，不能有丝毫懈怠。高校教学保障体系的完善在高等院校内部具有至关重要的意义，它可以持续推动高校自身教育质量的有效提升。因此，建立一支数量充足、水平高超的专业质量评估团队在内外部质量评估体系中是至关重要的任务，不可忽视。

随着教育国际化趋势的不断增强和高校教学的逐步开放，在此影响下，我国的高校教学质量保障体系的研究者和实践者均需要面对怎样参考与灵活借鉴国外先进经验的挑战。目前，世界各国都对本国的高校教学质量保障制度提出不同程度的要求，我们应当深入思考如何借鉴国外先进的高校教学质量保证体系，并进一步完善我国的高校教学质量保障体系。在高校教学质量保障体系的研究中，必须持续不断地进行探索与创新，投入更多的精力，提升国家高校教学领域的竞争力，从而为国家保持竞争优势奠定坚实的基础。

第四章　高校教学质量保障体系的建设路径

本章主要讲述高校教学质量保障体系的建设路径，从两个方面对其展开叙述，分别是高校教学质量内部保障体系以及高校教学质量外部保障体系。

第一节　高校教学质量内部保障体系

一、高校教学质量内部保障体系的基本原则

（一）目标性原则

1. 目标性原则的含义

目标性原则主要指在构建教学质量保障体系的过程当中，高等学校紧密围绕质量保障目标的控制进程，对体系要素进行合理的选择，同时协调和有序组织各种有效力量，达成进一步提高教学质量的目标，从而形成更加高效的质量保障体系。尤其在发达国家，高等教育质量保证制度已形成一套相对完整的理论体系和实践模式。人们对某一活动所追求的成果产生的主观反应构成了目标的本质。高等学校教学质量保证和监控体系就是为了实现这一客观反映而设置的。实施教学质量管理的基础在于全面贯彻和认真落实目标性原则，这是教学质量保障活动有目的且更加高效进行的重要内在要求。

2. 目标性原则的要求

为确保质量保障体系的有效性，必须遵循目标控制原则，以此为指导建立目标导向的体系，其核心问题就是把实现教学质量保障目标作为高校教学管理工作的中心任务，使之与学校各项工作有机结合起来，保证教育教学活动顺利进行。就实质而言，确保教学质量的核心在于确立质量目标，并持续纠正偏差，实现对

教学质量的有效控制。所以，在构建质量保障体系的过程中，必须确立高度敏感且高效的目标定位机制，完善教学质量目标体系，并采取相应的预防和纠正措施，促进有效目标控制的实现。高校教育质量观决定了教学质量保证体系具有层次结构的特点，在构建与实施教学质量保障体系的过程中，必须贯彻以教学为核心的理念与思想，不断加强教学质量，从而确保高等学校在开展各项工作的过程中始终围绕提高教学质量来进行。一方面，在处理高等教育大众化人才培养多目标、多规格之间关系的时候，必须强化对主要目标的认知，确保教学质量的提高和人才培养总目标的实现。同时，要把培养学生全面发展作为学校一切工作的出发点与落脚点，切实保证教育对象得到高质量的教育。另一方面，必须持续发挥校内各部门之间、全体教职员工之间的协同作用，共同致力于实现教育总目标的全面推进。

（二）系统性原则

1. 系统性原则的含义

系统理论认为，为了实现最优管理，必须全面研究和系统分析管理对象的各种要素及其存在的相互关系，确保管理效果最大化。教学工作的基本任务之一是培养学生较好的素质和能力，提高教育质量是这一根本目的之所在。在构建教学质量保障体系的过程中，高等学校必须从系统理论的观点与方法出发，并且以此为基础进行具体的科学指导，对教学质量保障活动的各个要素之间的相互关系进行全面分析与审视，确保教学过程中的各个环节和影响教学质量的各种因素得到有效控制，从而形成一个有机整体。

2. 系统性原则的要求

高校教学质量保障体系作为高校教学管理中最重要的子系统，其运行效果直接关系着学校教育目标能否顺利实现，也关系着高等教育人才培养的成败与发展。贯彻系统性原则的核心在于全面把握以下三个方面：第一，全面性。所谓全面性，就是要求高等学校必须把教育教学活动作为一个完整又复杂的大系统工程来对待，从宏观到微观、从面到点、从整体到局部等都应该有整体性考虑。在教学质量保障活动中，全面体现了系统观点以及人的全面发展理论在实践中的应用和反映，从而确保活动的全面性和有效性。在现代教学质量保障理念中，重点强调了对影响教学质量的各个要素与环节进行系统管理的全局性视角，确保教学质量的全面提高。确立全面素质教育的理念是全面性的首要要求，而非局限于学生的认知水平与应试能力。全面的素质教育涵盖多个方面，如思想道德、文化素养等，其中思想道德素养乃根本所在，文化素养则是其基础所在。第二课堂教学应以提高大学生的思想道德素质为中心，加强对他们进行政治理论教育，并将其渗透到各门课程中，将第一课堂与第二课堂相互融合，同时将专业教育以一种巧妙的方式和思想道德、文化素质教育有机结合，培养学生的求知欲望、生活技能、身体素质和审美能力，从而实现人的全面发展。高等学校的教学质量保障需要实现“三全”质量保障管理，具体来说，就是确保质量保障内容的全面性、保障主体的全员性以及质量保障过程的全程性，以满足全面性要求。第二，动态性。随着高等教育事业改革的不断深入，高校内部教学质量保障制度也在发生变化。高校机构内部的教学质量保障机制是一种具有开放性的管理方式，与外部环境进行物质、信息等方面的交流与互动，呈现出一种不断变化的状态。在激烈的市场竞争中，高等学府对人才培养质量的追求永无止境，因为只有这样，才能在高等学校立足，避免被淘汰出局。因此，要建立和完善高等教育教学质量保证体系，必须从实际出发，遵循客观规律，不断改革，通过制定和实施全新的质量标准，提高高校教学质量水平，从而实现教学质量的全面提升。第三，持续性。持续性就是要求在建立教学质量保障体系的过程中，必须以不断提高质量的发展管理观为基础，深刻把握教学质量持续性改进和发展的本质，建立一套可以及时洞察教学质量需求以及质量过程的一系列详细发展变化。同时，对教学管理体系进行针对性改进，从而从组织制度层面有效确保教学质量不断提高。为了实现质量持续地改进与提高，高等学校应推行全面的教学质量管理，确保学生在学习过程中得到高质量的教育。

（三）规范性原则

1. 规范性原则的含义

所谓的规范性原则，主要指学校应以国家法规法令条例为依据，建立教学质量保障体系，并开展一系列不同性质的质量保证活动，通过规章制度体系的建立和依法实施管理，最大限度地消除主观随意性，实现教学质量各项工作的制度化、标准化以及规范化，从而确保学校教学与质量改进工作有序开展。同时，这是提高教学质量的保证。

2. 规范性原则的要求

规范性原则具体要求如下：首先，为确保高等学校教学质量保障工作的有序推进，必须制定具有规划性和计划性的措施，把教育教学管理工作纳入整个办学工作中加以考虑，制定出相应的质量标准和管理办法。为了确保教学质量保障工作有序、有条不紊地进行，必须进行系统规划，明确质量方针和目标宗旨，并进行统筹安排，有一定的计划性，把各项规章制度和措施落到实处，确保教学过程中各个环节都能严格遵循质量标准要求。其次，必须实现质量的标准化。制定和实施质量标准，可以提高教师的业务水平，并且能促进教学改革，增强办学效益。制定和执行质量标准是提高人才培养质量的重要手段之一，也是教育行政部门实施宏观管理和监督检查的重要依据。所以，必须确立一套科学、合理的统一教学质量标准，确保人才素质、各项教学工作、管理工作以及保障工作均得到相应检查，具有一定的衡量“尺度”，从而实现有效的质量控制。最后，必须确立全面的教学质量管理规章制度，这是非常必要的，可以确保教学质量全面提高。同时，确立规章制度是实现规范化管理，减少“人治”现象的重要举措。无论是教学质量工作部门，还是从事教学质量工作的个人，都必须制定一套完整的规章制度，明确相应的职责、任务以及权限。为了有效控制影响教学质量的各种因素和教学过程中的各个环节，必须科学地规定教学质量工作的步骤和环节，使教学质量得到基本保障。

（四）效率与效益原则

1. 效率与效益原则的含义

在制订教学质量管理方针和目标的过程中，需要同时考虑高等学府的利益相关者需求和资源利用效率，始终坚持以效率和效益为基本原则，确保教学质量管理活动成果。此外，要把教育教学管理工作纳入整个办学工作中去考虑，制定出相应的质量标准和管理办法。效率即为了完成任务所需的资源，包括人力、物力等方面的投入，用最少的资源投入高效、优质地完成任务。任务完成后，其对社会需求的满足程度即为效益所在。提高高等教育质量必须从这两方面入手，更重要的还在于加强教学管理和教学过程控制，在高等教育普及化的进程中，最显著的矛盾高等教育市场的巨大需求与教育资源的有限性之间的矛盾。

2. 效率与效益的关系

从经济学角度来看，效率与效益具有同一性，两者相辅相成，相互促进，相互制约。所以，在开展教学质量保障活动的过程中，高等学校注重和强调效率、效益的原则，不仅有助于提高高等教育资源的有效利用效率和社会效益，还可以进一步塑造和树立正确的可持续发展的高等教育质量理念和观念。

（五）多样性原则

1. 多样性原则的含义

随着高等教育的蓬勃发展，大众化高等教育呈现出多元化和多样化的特征，其规格也日益多样化。1998 年，在巴黎召开的世界高等教育大会上通过的《21 世纪的高等教育：展望与行动世界宣言》指出："高等教育的质量是一个多层面的概念。""考虑多样性和避免由一个统一的尺寸来衡量高等教育的质量。"[①] 高校教学质量的衡量标准不能被简单地归纳为单一维度，需要综合考虑多种因素。

2. 多样性原则的要求

高等教育机构的教学质量保障体系的内涵与具体实施措施因其层次、学科类型和办学水平的不同呈现出多样性。建立完善的高校内部教学质量保障体系是一个系统工程，需要从宏观层面和微观层面进行统筹协调和整体设计。高等学校应当因地制宜、因时制宜以及因校制宜，严格遵循教学质量保障一般规律以及具体要求，并在此基础和前提下积极建立并实施内部教学质量保障体系，以适应学校人才培养目标，最大限度地减少"盲目"推崇某种模式与方法。构建科学合理的教学保障机制是高等学校改革发展中亟待解决的问题。

---

① 北京汉华语言学研究院 .21 世纪的高等教育：展望与行动世界宣言 [R/OL].（2020-7-3）[2023-6-5].http://www.dwhy-edu.com/index.php/d/zixunfMa/35.html.

二、高等学校教学质量内部保障体系模型

高等学校教学质量内部保障体系，旨在将教学中的各个环节和部门的活动、职能有机结合，明确各自的任务、职责以及权限，从而形成一个相互协调与促进的完整质量管理系统。高等学校教学质量内部保障体系框架由六个子系统构成，分别是教学质量的目标系统、保障对象系统、保障组织系统、保障活动系统、信息反馈系统以及教学研究与服务支持系统。各子系统之间存在相互依存、相互作用和相互影响的关系，它们是构成高等教育整体质量保证体系的基本要素之一。值得一提的是，我们可以将后四个系统称为教学质量保障工作系统，它是一种通过建立和改进控制调节机制，对保障对象系统进行干预，以实现教学质量目标的系统。其框架结构模型如图 4-1-1 所示：

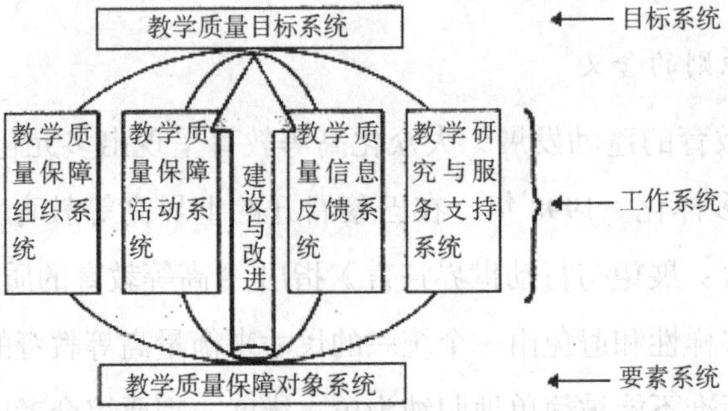

图 4-1-1　高校教学质量内部保障体系模型

三、高等学校教学质量内部保障体系的运行与维护

（一）教学质量保障体系的运行机制

在教学质量内部保障体系的运行机制中，形成了一个具有布置、执行、检查、反馈和总结的循环往复的封闭回路，使教学质量得到保障。建立和完善该体系是提高教育教学质量，促进高等教育事业发展的重要保证。所以，该系统可以被视为一个不断运转，以投入、运行以及产出为保障对象的体系，从而确保其持续发展。该系统的运行机制如图 4-1-2 所示：

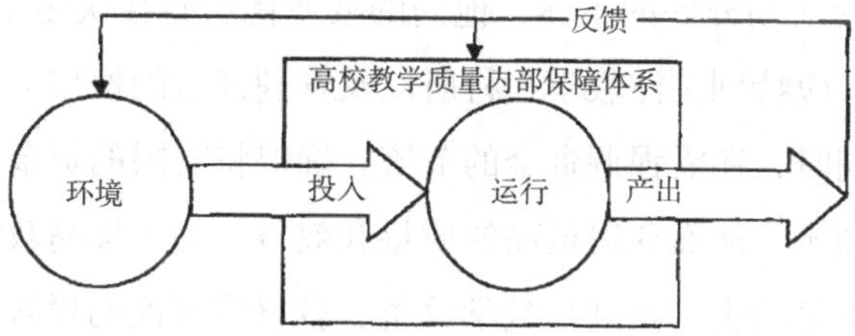

图 4-1-2　高校教学质量保障体系运行机制图

1. 环境

政策环境、价值观念等共同构成一个多元化的教育环境。它通过对教师的教学行为进行监控，使教学活动得以顺利进行并保证教学效果达到预期目标，从而提高学校的办学效益。高校的办学方向和人才培养方向受到环境因素的深刻影响。我国的高等学校必须始终坚持以服务社会主义现代化建设为导向的办学理念和方针，培养具备坚实的理论基础、强烈的创新意识、卓越的创新能力以及卓越的职业素养的学生，从而进一步满足经济发展与社会进步对不同优秀人才的巨大需求，并且逐步成为培养 21 世纪社会主义现代化建设与接班人的重要力量。要实现这一培养目标，就需要有一个完善高效的教学管理体系。所以，高校教学质量保障体系应主动关注经济社会发展对其影响与具体要求，积极适应外部社会环境，使人才培养基本目标的实施得到充分保障。

2. 投入

系统的正常运行离不开投入，可以说系统运行的必要条件就是系统投入。教学质量保障体系的投入，通常情况下指的是对人员、财力和物质的全方位投入。在人员投入方面，首要的是将学生视为学习的主体，因为他们的入学基础、学习态度等方面对教学质量有着非常直接的影响。教师作为教学活动的主导者，对教学质量起着决定性作用，他们的个人素质、学术水平等对提高教学质量具有不可忽视的影响。教师队伍的整体素质不仅关系着教师个人的发展，还与整个高校教育事业的改革、发展息息相关。教学质量保障活动的顺利开展离不开管理人员，这些人员不仅是具体的组织者和执行者，更是各项活动开展的关键因素，教学质量的提升将受到他们的政治修养、专业技能、工作方式和职业精神的共同影响。

教师和学生是教学活动开展的主体，他们的素质优劣直接决定了教育质量高低。在财力投入方面，应特别关注教学、科研以及管理经费的使用，在注重资金开源和多元化获取的同时，还需强调资金的节流，确保将有限的资金充分用于学科建设、课程建设等领域，从而获得最高的质量和效益。为了提高教学质量，还需要在物质投入方面下足功夫，特别是教学设备、教材等方面的投入，这些都是与经费同等重要的物质保障。

3. 运行

在高等学校教学质量保障体系的六个子系统中，组织子系统、活动子系统、信息反馈子系统、教学研究与支持系统相互协调，形成一个工作系统，该系统以教学质量保障目标为指导，监控要素系统，通过不断的建设和改进，实现了教学质量目标，并且顺利进入下一个质量保障循环。系统工作原理如图 4-1-3 所示，为实现系统的规范、有序和充满活力的运行，必须协调各系统，以达成整体目标。

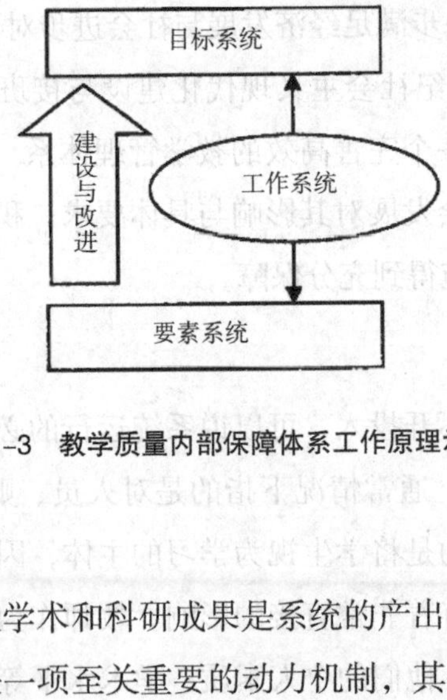

图 4-1-3　教学质量内部保障体系工作原理示意图

4. 产出

人才、社会服务以及学术和科研成果是系统的产出。在高等学校的教学质量保障体系中，激励机制是一项至关重要的动力机制，其作用不可小觑。在构建激励机制的过程中必须坚持以人为本，以学生为主体。激励机制的核心目标在于充分激发个体内在的积极性和创造力，调动教师的工作热情。在实施激励机制时，必须恪守对人的尊重、对人的信任以及对人的关心，这是基本的原则。激励的结果应该是使人们在心理上作出积极的反应，并把这种反应转化成工作中的努力程度或行动倾向，最终达到预期目标。实现激励机制的手段除了表扬、奖励外，还包括社会环境的影响、先进人物事迹的感染等方面。产出的质量并非自然生成，而是由过程质量的积累与体现所决定的。在普及高等教育的过程中，应注重和强调产出的质和量。教学质量保障系统的运行效益以及系统资源的合理应用程度都可以从资源投入对教学目标实现程度的反映中得到体现。高等学校内部的教学质量保障体系运用信息反馈系统对信息进行搜集和整理，并将其同外部环境进行科学对比，以有效控制与改进保障体系的运行。

（二）教学质量保障体系的动力机制

1. 竞争机制

高等学校展开竞争的目的在于激发师生和管理干部的内在动力、积极性和主动性，以实现优胜劣汰的效果。在授课过程中，可运用多种手段，如教学评估、评优等，实现竞争目的。然而，引入竞争机制后，在严格遵循教育规律的同时，需要遵循科技发展的相关规律，确保其有效性和可持续性。为了激发人的积极性以及成就动机，在运用的过程中必须注重适度，因为这些动机不仅来自竞争，还包括其他方面。

2. 激励机制

（1）完善教学评价机制

激励机制是高校内部教学质量保障活动的重要措施之一，是建立完善、高效的教学质量监控与评价机制。在当前高等教育发展形势下，建立科学、合理的教学质量监控与绩效评价体系对促进教育教学改革具有重要意义。教学信息的搜集与反馈、教学质量的监督与保证等职能均由一个完善、高效的科学质量监控和评价体系承担。因此，建立健全合理、高效的教学质量监控和评价机制是提高教育教学质量的重要环节之一。完善的教学质量监控和评价体系通常包括课堂教学、课程等，建立一套行之有效的教学质量监控与评价体系对提高高等教育教学质量具有重要意义。通过持续完善与健全教学质量监控与评价体系，高校可以及时反馈教学信息，从而实现教学工作的持续监督与评价，以及持续性地发现问题、总结经验以及改进教学。

（2）确保与提高教学质量的关键在于打造一支卓越的教师团队

随着我国教育改革的不断深入，人们越来越关注教师队伍建设问题。对于一所高等学府而言，深耕教学革新的关键在于教师。同时，确保教学品质的关键也在于教师队伍的素质。只有一流的师资才能培养出高质量的人才，优质的人才又必须靠一流的教师队伍来实现。因此，投入大量资源培养和组织一支高水平的教师团队，从某种意义上说是进一步提高教学质量的关键要素。高校师资队伍的建设与管理需要建立一套有效的激励机制，其中包括各种优秀教师的表彰机制，激发教师对学生的热爱、对教学的热爱、对工作的尽责以及对教育事业的奉献；积极鼓励优秀的名师登上讲坛，邀请海内外知名专家承担授课使命；为青年教师创造施展才华的条件，提供进修学习的机会；对于在教学工作中表现卓越的杰出教师和教授，给予充分的赞扬和表彰；加强教师队伍自身的修养和提高师德水平，不断学习先进理论，更新知识技能，努力提高教育科研能力。除此之外，为了规范教师的教学活动，必须遵守国家与教育部的相关规定，在教师教学管理中规定教师从事教学工作的具体和基本要求，并严格执行教师教学工作的考核制度、评价制度以及监督制度，确保制度有效执行。同时，加强对在职优秀教师的继续教育，提高他们的综合素质；加强对年轻教师的职业发展培训，致力于打造结构合理、效果显著的教师队伍；积极建立科学完善的青年教师培养选拔机制，推进人才引进和储备进程；倡导合理的人才流动和竞争，为共享和最大限度发挥人才资源优势创造有利条件。

（3）提高教学质量的根本与基本保障在于优越的办学条件

在市场经济发展的过程中，高校之间的竞争日益激烈，如何加强教学管理，改善办学条件，已成为各高等学校共同关心的问题。学校办学条件的改善和教学质量的提高，离不开教学条件和环境这两个基本物质保障。因此，在资源占有与利用的关系上，学校管理是否得当，成为一个不可忽视的重要标志。随着高等教育改革的不断深入，高校教育质量问题已引起社会的广泛关注，改善办学条件则成为提高教学质量的关键环节之一。为了不断提高教学质量，必须充分激发广大教师的热情、积极性与主动性，不断更新教学内容，改进教学方法，并尝试探索新的教学手段。同时，高校必须提供优质的服务环境与物质支持，如教室、运动场、后勤等。从整体上看，教学条件在一定程度上决定了教育质量。教学条件的核心要素是教学经费的投入。

3. 创新机制

教育创新机制涵盖教育思想、教学内容等方面的创新，同时包括学习方式、学习环境等的创新。教学质量保障体系的显著特征是创新机制已经深入渗透教学过程的各个方面。教师作为教学改革与发展的主要推动者，其素质高低决定了学校教学质量水平的高低。在创新活动中，质量建设和保障主体能够坚持不懈地推进，从而获得成就感和内心的满足感。

4. 约束机制

高等学校的稳定教学和健康发展离不开约束机制的有力支撑。高等学校的授课过程始终处于一种运转状态，必须遵守教育规律和政府的政策法规，从而最大限度地避免任何不规范的行为。它既包括国家法律法规对高校教学过程运行所进行的一系列规定和要求，也包括高校内部规章制度以及学校领导决策对高校教学管理活动所做的指导、监督和制约。高校制定许多制度和规定来保障学校各项活动符合法律的要求，从而保证教学质量不断提高。例如，众多高等学校先后颁布了具有约束力的规章制度，如教学基本规范、教学事故责任认定与处理办法等，这些规章制度从宏观层面对教师进行约束，不仅有利于保障教师合法权益，还能够促进教师队伍建设和发展。为了确保高等学校的经济效益和社会效益得到最大化，必须在遵守教育规律的前提下，积极主动地依法和自主地开展办学活动。教学质量保障体系的动力机制相互依存、作用与补充，共同构成教学质量保障体系的全部内容。

（三）维护教学质量保障体系运行的策略

1. 加强院系级教学组织建设

学院（系）在高校中扮演着教学活动的主体角色，负责组织、实施以及管理教学全过程，是进一步确保与有效提高教学质量的基石。院系级教学组织有责任按照教学计划与大纲的具体规定，有序地策划、组织理论和实践教学，借助不同的方式持续加强对各个教学环节的监管与管理；建立一支高水平、结构合理的专业教师队伍，确保教学质量不断提高；协调好教师之间以及与其他部门之间的关系等；加强学科、专业、课程和教研室的建设，提高教育教学质量和学生学习效果；开展各项教学研究活动；策划并实施针对学生的学习和实践活动，促进其全面发展；组建一套系统完备的教学管理流程；提高教学质量，构建一支具备高度素养的教学管理团队，这不仅是高校教育管理中重要的任务之一，也是学校生存与发展的根本，是新时期高等学校提高教学质量的保证措施之一。现如今，质量保障工作在一定程度上仍然依赖于调研员等人员保障，由于教学质量保障的效果取决于学生的基本素质，因此他们必须对教育科学规律有深刻的理解和掌握，在拥有专业特长（学生信息员除外）的同时，持有客观公正的态度，具备高度的工作责任感以及调查研究能力。为了提高教学管理人员队伍的素质，建设一支合格的教学管理人员队伍，高等学校可以采用多种途径，如进修、培训以及在实践中不断学习和提高。

2. 鼓励和引导全员积极参与

学校的教学工作需要全体教师、学生以及管理人员等积极参与，每个人都肩负着质量保障的责任与义务。质量保障是一项需要集体合作的任务，需要集体智慧与协作，而非单一机构或个人的力量。在教育过程中，任何一项工作如果没有全体师生、管理人员等的配合或投入，其效果通常情况下是难以令人满意的。因此，学校内的全体人员必须相互协作，将各自的工作巧妙地同促进与提高教学质量紧密地结合起来，逐渐形成全员质量保障共同体，并树立“人人参与质量建设”的理念与意识，相互理解、支持与协调，从而使教学质量保障工作的实效性得到大幅度提升。

3. 完善教学质量保障工作组织系统

确保教学质量的系统性，需要建立一个高效的工作组织体系。因此，必须建立一套有效的机制来保证全体教职员工能够自觉地把自己作为质量保障主体，共同为实现高质量的教育目标努力奋斗。该工作系统的组织形式分为纵向与横向两个组织结构，前者包括学校、院系以及教研室三级机构，后者包括学生处、教务处等。其中，教务处在协助主管教学校长履行学校教学质量保障职责的过程中发挥着至关重要的作用。教务处作为教学质量保障的职能部门，拥有组织、协调以及督导学校教学质量保障的权力，同时是教学质量保障工作的核心枢纽。在教学质量控制中，横向部门注重基础设施的建设，强调教学要素的相对独立性，通过双向信息交流和相互制度约束来实现联系。教学要素的运行管理在纵向组织中占据重要地位，信息反馈与建设则为加强信息联系提供了有力的支撑。具体如图 4–1–4 所示：

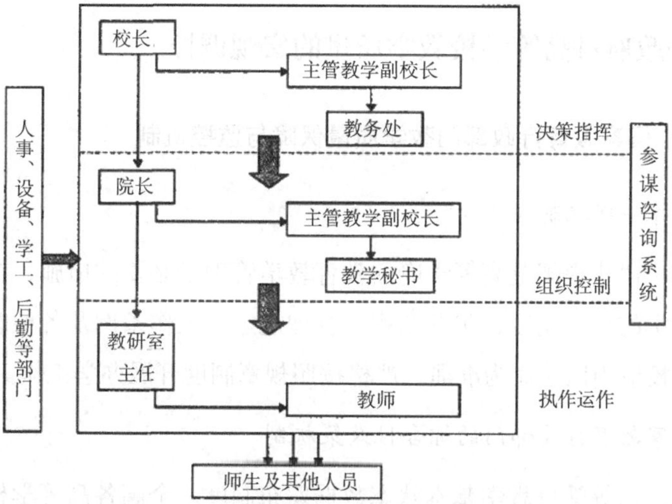

图 4–1–4　教学质量保障工作组织系统

教学活动是三级组织的核心，这些组织不仅是质量保障的主体，更是与教学活动紧密相连的纽带。三种常见的工作方式具体如下：第一，行政手段，用于布置和检查工作；第二，制度手段，确立、实施与执行制度；第三，技术手段，检查评估。三种工作方式有机结合，实现教学管理工作科学化的目的。在系统运行中，需要妥善处理六个相互关联的方面，包括：第一，教与学；第二，目标管理与过程管理；第三，宏观管理与微观管理；第四，定性与定量；第五，理论与实践；第六，管理、服务和育人。

4. 持续改进，适时更新教学质量保障体系

随着时间的推移，事物持续性演变，人们对过程结果的期望也随之提高与变化，这是一个从不完善到完善再到更新的具体过程，由此需要以持续创新的机制来不断改进。因此，学校教育要适应时代进步的潮流，就要进行改革与创新，促

进人才培养质量的提高。随着社会、经济和科技的不断进步，教学质量保障的目标、工作途径等必须不断创新，以适应不断变化的需求和挑战。

第二节 高校教学质量外部保障体系

一、政府对高等学校教学质量的宏观调控

（一）国家教育行政部门教学质量保障与监控机制

1. 法律法规机制

确立法律法规规范高等学府的教育教学管理是必要的措施，在高校内部应建立一套科学的规章制度，包括章程、管理规定、工作条例及各种制度和办法，同时高等学校应当以法律为准绳，严格按照规章制度开展办学工作。

2. 国家教育行政部门的综合性政策机制

第一，高等学校教学基本状态数据发布制度。全国各高等学校每年均需向教育部提交教学基础状况的数据，这些数据不仅是反映全国各个高校教学运行工作状况的依据，也是展现教育质量的一个关键证据，经过教育部高等教育教学评估中心的整理分析和发布，高校的办学和教学透明度得到增强，对大学教学工作的关注、支持以及监督也得到一定的动员。

第二，通过与社会行业协会的合作，逐步推进与拓展高校专业教学评估工作。在对各高等学校进行专业评估的过程中发现一些问题，其中最主要的问题是缺乏一套科学有效的方法来确定评估结果是否客观公正。高等学校的办学水平与教学质量状况虽然可以从本科教学水平评估工作中全面反映出来，但是同一学科专业和同一高校不同学科专业的具体办学水平与教学质量状况均需通过专业评估来说明，原因是专业评估除了具有同一性之外，还具有可比性，其准确性和说服力也更强。目前，我国已有许多高等学校通过国家教育主管部门组织实施的专业教学评价来衡量教学管理水平和人才培养质量。教育部正在积极推进专业教学评估工作，逐步构建融合专业评估和专业职业资格证书的全面质量保障体系。

3. 国家教育行政部门的专项政策机制

第一，国家级教学研究与教学改革工程，每两年立项一次。

第二，国家级优秀教学成果奖励机制，每四年评选一次。

第三，教学资源保障系统（CAUS 系统）建设工程。

（二）省级教育行政部门教学质量保障与监控机制

1. 省级教育行政部门的综合政策机制

主要是重点大学评选机制。

2. 省级教育行政部门的专项政策机制

第一，省级教学研究与教学改革工程，每两年立项一次。

第二，省级优秀教学成果奖评选机制，每四年一次。

第三，省级优秀教育技术成果奖评选机制。

（三）政府对高校实施宏观调控的新向度

1. 管理权限的改变

第一，主张将权力下放市场的同时，促进市场参与和介入。从理论角度看，高等教育并非仅是一种对社会有益的“纯公共物品”，而是一种“准公共物品”，因此高等学校受到市场调节的影响。高等学校应当认识到市场需求的存在，并将其纳入自身的决策中。因此，在市场经济条件下，应承认高等学校具有市场化的倾向。此外，市场的介入可以进一步加强高等学校和社会之间的联系，从而让高等学校提供的服务与科研与社会需求更加贴合，将高等学校对社会的推动作用充分展现出来。从实践角度看，我国高等教育无论是改革还是发展，均将市场准入所需的要求与条件提出来。为了确保高等学校的生存和发展，必须以市场精神为指导，将科学、合理的竞争机制引入其中，以提高效益和效率为目标。在市场机制的作用下，高等学校虽然可以通过竞争达到资源配置最优、资源利用率提高的目的。值得注意的是，市场介入是有限制的，原因是教育外部性会产生“市场失灵”现象。为了确保教育的公益性和高等学校所需的公平竞争机制，政府需要采取“有形之手”的宏观调控措施来解决这一问题。

第二，政府需要分解高等学校管理职能，将一部分职能下放给地方政府，同时要建立相应的法律保障机制，保证高等学校的自主性发展。此外，一部分移交至社会中介机构。在推进改革的过程中，必须采取相应的措施，确保改革顺利实施。另外，还要解决好大学如何向社会公众开放，以及怎样将这种开放引入市场机制等问题。也就是说，政府需要把高等学校纳入整个社会大系统中来进行整体考量。为了实现这一目标，政府应该以对当今中国高等学校重新定位为基础和前提，因为高等学校作为社会的第三部门，必须在持续变化的环境中不断发展与壮大。高等学校在第三部门的视角下，一方面，作为一个独特的非营利组织，具有和企业、政府同等的组织实体地位；另一方面，也是具有专业性、组织性等特质的非营利性社团法人，从而充分展现自主权、法人地位以及学术自由性，并且不会被政府和市场所影响。

2. 管理方式的改变

政府应当逐步以宏观调控为主的“规范”与“协同”式的间接管理的转变，为高等学校制度创新提供更多的空间与平台。同时，应该转变政府职能，加强对教育事业的宏观指导与控制。高等学校的宏观调控主要包括以下方式：第一，经济调控。高等教育的规模、速度和活动受到政府拨款、资助等手段的调节。第二，监督调控。高等教育活动的监督需要建立一个多层次、多途径的机构，该机构应该由政府、社会以及高等教育团体共同参与，以检查、鉴定等活动为手段。综上所述，为了实现对高等学校的宏观调控，政府需要从治理理论的层面出发，对自身的管理者角色进行重新定义。

二、市场对高等学校教学质量的调控

（一）高校生源市场与高校教学质量相互调控与制约

从 21 世纪开始，高等教育在适应国民经济发展和国际综合国力竞争对人才培养的需求方面取得了巨大进展，学校数量、办学层次等方面均发生了巨大变化。随着高校并校、扩建等大规模建设的热潮以及众多高职、民办大学的蓬勃发展，高质量的教育就是高水平的质量，若一所高等学校的师资力量、教学管理水平等方面均过硬，且具备深厚的文化底蕴、优良的学风校风以及卓越的教学质量，就可以为广大高校学生提供更加优质的教育，同时熏陶和培养学生的个性气质。反之，若一所高校没有一流的师资队伍、优秀的教材和先进的教学设备等办学条件，其毕业生就很难有好的就业率和工作业绩，更难以得到用人单位的认可与青睐。唯有卓越的教学品质，方能孕育出具备高素养的优秀人才，其中，教学质量是高校最吸引人的因素。

从目前的情况来看，要想使学校真正成为“名牌”名校，还必须走内涵式发展之路。所以，学校的领导层具备高度的警觉性和危机感，积极谋划未来，制定科学的决策，不断进取，坚定地确立教学工作的核心地位，其他各项工作必须紧密围绕、服从、服务于全面提高教学质量和人才培养质量的大局。为了实现资源共享，需要持续不断地整合学校现有的各种资源，确保资源的高效利用；加强教育教学的深化改革，持续有效地推进教学现代化建设，提升学校的教学品质。总之，一所好的高校一定是具有良好办学特色的高水平研究型大学，唯有具备卓越的教育教学品质，培养出受社会欢迎、高素质优秀人才的大学，方能焕发生机，享有盛誉与知名度，同时能在激烈的高校教育招生竞争中保持自身的稳定生源。一个高等学校的招生工作质量与高校自身的生存和发展密切相关，其影响因素涉及多个方面，其中最主要的是学校的教育教学管理方面的因素。要想办好一所高校，就必须重视对人才培养质量的管理，切实提高教学质量与管理水平，以推动学校全面发展为目标，这不仅是办学之本，更是立足校园、促进发展的根本所在，即立校兴校之本。

（二）毕业生就业市场与高校教学质量的相互影响

随着市场经济的不断发展，每年春夏之交会召开供需见面会与人才招聘会，为高校毕业生提供尽可能多的机会和平台，以适应社会的不同发展需求。随着高校人才就业市场的确立，大学毕业生的就业模式已经从政府统分模式向双向选择和自主择业模式转变，在此影响下，毕业生的就业模式发生巨大变化。同时，随着我国经济建设的脚步不断加快和改革开放步伐的日益推进，社会主义市场经济逐步确立起来，给高校毕业生带来巨大影响，同时对高校毕业生提出新要求。毕业生的知识储备与综合素养成为向用人单位争取更优越的工作环境和更高的薪酬待遇的有力工具，并且迫使用人单位不得不对高校人才培养质量进行严格的审查和评估，以保证自身生存与发展的稳定。只有在获得人才市场的认可之后，高校毕业生才可以真正实现个人的价值，由此证明其所接受的高等教育是经过严格筛选和精心培养的，并且取得了成功。如何提高学生的专业素养、心理素质、职业意识以及适应市场经济要求的竞争能力，成为每个高校面临的新课题。高校是国家和社会所需的高端专业人才的摇篮，教学质量卓越与否是决定其是否能够培养出符合国家与社会诸多需求的高端专业人才的关键因素。毕业生要想获得良好的就业机会，必须通过参加各类求职面试进行自我定位和择业选择。

为了让毕业生在市场中获得生存与发展的重要机会，高校必须进行改革与完善，如加强教师队伍建设，提高教育教学水平；对课程与教学内容进行合理的规划和更新，提高教学内容的质量；通过运用现代化的教学设施，如多媒体等，推动教学方式的创新和改进；更新教学管理理念，积极构建现代化教学管理运营机制，以全面提高教学质量和教学水平为目标；等等。高校在市场经济的运行机制下必须积极主动地深入人才就业市场，以实事求是的态度不断更新观念，认真开展毕业生就业状况跟踪调查，收集有助于提高教学质量的相关信息，同时将其及时反馈到教育、教学当中，唯有如此，才可以使毕业生在竞争日益激烈的就业市场中获得更多的机遇。

三、教育评估中介机构的构建与运作

20 世纪 80 年代之后，各国的高等教育都有了一定的发展，具体表现为入学率的提升，各国都在不断推进高等教育的大众化。高等教育质量成为社会各界关注的重点，人们希望占有大量公共财政资源的高等教育能够在社会发展方面发挥自己应有的作用。

（一）发展现状

1. 国外发展现状

高等教育质量以及教育保障体系一直是社会关注的重点，尤其是在 20 世纪 80 年代之后。与此同时，随着技术的不断改进和发展，人们迫切希望从更多的价值角度评估高等教育。因此，西方各国开始加强对高等教育质量的把控以及建设教育保障体系工作。例如，美国开始了高等学校评估运动，欧洲逐渐出现评估机构。在各国，高等教育中介机构都与国情有关，其发展模式也各不相同。其中最为典型的有三种：

（1）美国式

美国的高等教育评估完全由非官方机构进行，美国最先从鉴定机构与政府关系方面进行改革。如今，美国高等教育鉴定完全由民间组织进行，其工作的核心是院校和专业鉴定。为了统一高等教育鉴定标准，美国各区与各高校逐渐成立了自己的鉴定机构。例如，1975 年成立的“中学后教育鉴定委员会”（COPA），它是一个非官方组织，其职能是管理全国性的院校和专业鉴定机构。美国高等教育评估中介机构是大学自主建立的，其成立不受政府的控制。这种制度有效地保障了大学表达自我意愿的机会和权利，并且使评估工作避免过多地受到政府干预。这种制度的建立一定程度上是因为美国高等教育管理体制实行分权制度。

（2）法国式

法国的管理模式与美国截然不同，法国的管理模式的特点是中央集权。1985 年，法国成立一个名为“国家评估委员会”（CNE）的机构，其职能是评估高校工作、学科以及进行教育专题研究。国家评估委员会虽然是国家行政机构，但是仍然具有一定的自主性，其评估报告直接提交给总统，主要目的是综合各方面因素，从整体的角度对高等教育机构进行评价并提出相应的改进建议。此外，国家评估委员会也独立于高等教育机构。该委员会的成员由总统提名，共 15 名，其中学术机构代表 9 名，其余则来自审计法院、大学高级理事会等机构。国家评估委员会隶属于国家，是国家行政机构，但是与正常的国家政府部门有所不同。

（3）英国式

《教育改革法》于 1988 年在英国正式实行，这部法律废除了“大学拨款委员会”，取而代之的是“大学基金委员会”（University Funding Committee，UFC），这个与政府有密切关系的机构负责对大学进行评估和拨款。英国的管理模式既不像美国模式那样民主，也不像法国模式那样集权。英国的高等教育评估中介机构既有由学术界自发组织而成的，如“高等教育质量委员会”，主要对高校的总体水平进行评估；也有由政府主导而成的，如“高等教育基金委员会”，主要对高校的专业领域进行评估。然而，这两种评估机构的评估标准和价值取向不尽相同。

发达国家的高等教育评估中介机构已经建立了协调高校、政府和社会之间关系的良好机制。它们的存在可以提高高等教育系统的整合效率，并为教育决策和改革提供咨询和建议，从而增加政策的有效性。这些机构在确保高等教育质量方面发挥了积极而显著的推动作用。

高等教育评估中介机构在发达国家已经建立一套有效的机制，能够协调政府、社会与高等学校三者的关系，有助于高等教育的资源整合，提高高校系统运转的效率，为教育决策和改革提供专业的咨询和建议，使相关政策在高等教育机构发挥其效用，对高等教育的质量保障发挥积极的、显著的推动作用。

2. 我国的发展现状

（1）建立了若干不同类型的高等教育评估中介机构

自 20 世纪 90 年代起，我国高等教育评估中介机构陆续建成，既有中央主导建设的，也有地方政府主导建设的。例如，1994 年建立的我国首个高等教育评估中介机构——学位与研究生教育评估所，是国家教委主导建立的；1996 年，上海市政府主导建立了上海高等教育评估事务所。之后，我国高等教育评估中介机构数量不断增加，主要建设地是高等教育比较发达的地区和经济比较发达的东部沿海地区。这些机构的成立获得了当地教育委员会的支持和认可，也获得了工商局的批准，能够从事相关评估工作。

（2）开展了以大学排名和学位授权点评估为核心内容的评估活动

我国高等教育评估中介组织近年来开展了两项重要的活动，即大学排名（中国大学评价）和学位授权点评估。这两项活动是我国高等教育事业发展的重要反映，更是我国高等教育评估中介组织近年来工作的核心。我国第一个大学排名是由中国管理科学研究院科学学研究所于 1987 年完成并发布的。之后，陆续有很多国家发布了不同类型的大学排名。这些排名对我国大学发展的不同方面进行了分析和评价，有助于大学寻找改革和进步的方向。相应的，评估工作在我国高等教育发展事业中的影响也逐渐扩大。

（3）开展了高等教育评估方面的科学研究

多年来，高等教育评估中介机构一直在开展与大学排名和学位点评估相关的科学研究，涵盖评估理论、指标体系以及评估方法等方面。但目前的研究成果还存在一些不足。

我国的基本经济制度是公有制为主体、多种所有制经济共同发展的所有制结构，高等教育评估中介机构就建立在这种经济制度下。从法律上看，高等教育评估的组织领导由中央和省级两级政府的教育行政管理部门负责。但是，我国高等教育评估中介机构并不具备行政权力，它是一个政府的技术性单位，只负责评估实施和评估报告及数据分析的提交，为政府行政部门提供决策依据。高等教育评估工作的主导者应当是中央和省级两级政府的教育行政管理部门。高等教育评估中介机构虽然归为教育行政管理部门的直属机构，但是这并不妨碍其中介性。另外，它还带有技术性。我国高等教育评估中介机构虽然隶属于行政部门，但没有行政权力，也不是政府职能部门。机构的主要工作是进行评估，提交评估报告和相应的数据分析，为政府行政教育部门的管理与决策提供支持，因此带有技术性特征。

（二）建设思路

根据我国现阶段社会发展状况和高等教育评估工作理论与实践研究经验，结合国外高等教育评估中介机构的建设优势，我国高等教育评估体制建设要抓住中介机构这一特征，从以下几方面进行思考：

第一，高等教育评估中介组织的设立，主要是为了推动政府的职能转变，建立一个在政府的宏观调控下高校自我约束、自我发展的运行机制，从而让我国高等教育评估机制协调好政府、高校和社会之间的关系。

第二，高等教育评估中介组织的主要任务是：遵循国家的法律法规和政府的政策指导，制定和执行高等教育评估的政策措施，保证高等教育的发展方向和质量水平符合国家的基本要求；为政府进行高等教育改革和建设指导提供信息支持、咨询服务和政策建议；提高社会各界对高等教育决策的参与度；改革高等教育方法并推行有效的教育方法，保证高等教育质量；提高高校对教育质量的重视程度和责任心，不断促进高校办学条件的提升，促进高等教育质量的提高；确定高校向政府和社会各界报告教育和发展情形的责任和义务。

第三，在我国高等教育改革与发展过程中，国家的领导作用以及政府在高等教育管理中的最高决策地位是至关重要的。对于推进高等教育评估中介机构建设工作而言，政府教育主管部门的主导十分重要。

第四，高等教育评估中介机构在我国高等教育评估体制中占有重要地位，它们具有权威性，能够有效地平衡政府、社会和高校之间的利益。中介机构的设立应该依据法律或政府规章制度，确保其合法性和正当性。中介机构应该得到国家法律和政府政策的有力保障。政府应该根据高校的评估情况制定相应的政策措施，评估结果应该向社会公开或与政府的决策形成有效联系。

第五，高等教育评估中介机构不仅需要执行评估技术操作，还应具有理事性质，能够独立地发挥自己的作用。因此，我国可以在其上设立理事会，负责最终的决策，理事会的成员从不同行业、不同领域有影响力的人中选择。理事会还可以成立不同的专门委员会，负责不同的工作和事务。评估机构的组成人员应该反映社会的多元性，涵盖高等教育界、评估领域、政府部门和各个行业的杰出人物或专家。在中介机构发展的初期，可以邀请一定比例的政府官员，人员选取工作可以主要面向高等教育界，逐步实现机构人员的广泛代表性。但是无论如何，高等教育界人士都要占有一定的比例，这有助于大学自治权的确立。对于内部成员的任期也要有科学、明确的规定，定期更换成员。为了保证机构决策的执行，人员变更数量最好不超过总数的三分之一。

第六，为了适应我国社会主义市场经济的发展状况和高等教育管理体制改革的方向，我国应该从多元化的角度进行评估中介机构建立工作，设立国家级或地区级评估中介机构，并从专业角度对机构进行定位，让评估机构能够从一定的角度出发负责、组织、协调相应层面的高等教育评估工作。国家级评估机构的职责是在全国层面制定和指导评估政策，审核和监督地区性或专业性评估机构的评估活动，承担和负责政府委托的特定评估项目，处理和仲裁高校对评估结果的异议，总结和传播评估工作的优秀经验，为政府提供高等教育发展的信息、咨询和政策建议。地区性或专业性评估机构的职责主要包括制定具体评估方法并执行，承担相应的评估活动的组织、执行和协调工作，对有评估要求的高校进行科学评估，处理高校对评估结果的异议，定期评估高校办学和教学质量，为地方政府提供高等教育相关信息，为地方高等教育的发展提供意见和建议。

第七，分析国际经验可知，对于高等教育质量的保障体系而言，评估中介机构只是其中的一个环节，虽然它承担着特殊的使命，但是中介机构也有很大的局限性。我国高等教育体系十分庞大，因此评估中介组织无法完成所有的高等教育评估工作。为了保证新的高等教育评估机制发挥作用，我们可以引入原有的一些评估组织和方法。

对于高等教育而言，维持较高的质量标准是至关重要的，每一丝资源都十分重要。我国高等教育评估工作的重点就在于督促高校提高教学质量，改变教育质量低下的情况。在中国，教育，尤其是高等教育一直是国家事业，主要责任是为国家和整个社会服务。因此，在高等教育评估体制的建设中，需要保证政府的主导地位，满足国家的基本要求。高等教育的发展必然离不开政府的控制。同时，为了维护中介机构评估的权威性，充分体现中介机构的工作职能，国家需要从法律、政治和经济等方面支持评估机构的建设与评估工作开展。

第五章 高校教学管理建设

本章讲述的是高校教学管理建设，从四个方面展开叙述，分别是高校教学管理机制建设、高校教学管理制度建设、高校教学管理队伍建设以及高校教学管理信息化建设。

第一节 高校教学管理机制建设

一、高校教学管理机制设计要解决的核心问题

（一）有关高校教学工作有序运行的问题

高校教学工作的有效开展是高校教学质量的根本保证。对于任何一所高校来说，教学工作都是一个动态和发展的过程。不同的教学工作状态将会直接影响高校教学质量的高低。从根本上说，提高高校教学质量，需要保证高校教学工作处于一种有条不紊的状态之下，使整个教学工作能够按照高校教学规律开展。高校教学管理需要建立起在教学工作有序开展的运行机制，这种运行机制是高校教学规律的反映，也是实现高校教学目标的必要手段。高校教学运行机制涉及的问题很多，主要涉及教学工作的方向问题、教学重大事项的决策问题以及教学任务的分配问题。

教学工作方向问题主要是解决高校教学组织系统内部个体目标与教学组织目标之间不一致的问题，从而使全体教职员工都能够努力工作，以实现学校教学组织目标。人的各种活动都有其目的性，都指向一定的预期结果。行为的预期结果就是人们所说的行为目标。人之所以追求某种行为活动的结果，是因为这种结果会给他带来能够满足需要的资源。但是利益上的冲突和价值观的差异（偏好）会使每个人的行为目标呈现出一定的差异，而能够满足个人需要的资源是稀缺的。

由个体组合而成的社会组织，是一个具有共同利益的群体。社会组织的共同利益被称为集体利益。资源的有限性决定了个体利益在某种程度上存在冲突。奥尔森的“集体行动的逻辑”所提供的理论模型说明，个人追求个体利益的行动最终导致的结果是集体的非理性，即它并不必然地会带来集体利益的最大化，最终会使生活在集体中的每个个体的自我利益都受到损失。为此，高校教学管理必须能够做到使个体的目标服从教学管理目标。教学工作重大事项的决策机制，是要解决为实现教学组织目标而不得不作出的有关方法与手段的选择问题。有关教员的选任、教学计划的编制以及教学管理制度的创新等，都是高校教学决策的核心问题。不同的决策机制将会带来不同的结果，科学设计教学决策机制，将使高校教学管理能够选择更好地实现管理目标的方法和手段。高校教学任务的分配同样是一个日常的管理工作。不同的任务分配方式不仅会影响教师的直接利益，而且会影响高校教学目标的实现。对于非营利性的高校教学管理组织来说，到底选择一种怎样的任务分配机制更有利于高校教学管理，这是高校教学任务分配机制所要解决的问题。

（二）有关高校教职员工行为动力的问题

行为动力问题实质上就是人们常说的积极性问题。与目标机制问题一样，从行为主体看，行为动力涉及对个体行为工作动力的激发及对由人构成的组织动力的激发。高校教学管理的工作动力机制，由于其组织的内在逻辑，既不同于政府组织以权力为基础、以公共责任为机制的激励，也不同于营利性组织以利益为基础、以市场为机制的激励。学校组织的公共性以及有限的市场介入，使高校教学组织与系统既需要责任机制，也需要一定的市场机制。然而，它的责任机制不同于以权力为基础的公共责任机制——责任激励，它的市场机制也有别于以利益为基础的完全市场机制——竞争激励。尽管在很多的管理学和经济学的研究文献中人们通常把竞争看作激励的一种形式或手段，我们在此还是试图将它们区分开来。通过一定的制度安排解决人们的行为动力问题，这是教学管理动力机制要解决的问题。

在管理学的发展历程中，随着管理学家与管理实践者对人的重要性的认识逐渐加深，激励的内涵也越来越丰富。从目的上看，激励是为了调动人的工作积极性，提高工作效率，解决被管理者工作热情、积极性、创造性不足的问题，发挥其潜能努力工作。从内涵上看，人们已经认识到，不管如何界定激励，其核心都是激发人们按一定方式行为的过程。[①]从激发的主体看，人们的某种行为的激发可以来自他的管理者，也可以来自他的同行或同事。我们把来自前者的行为激发称为激励，把来自后者的行为激发称为竞争，这样教学管理中的动力机制就可以分为激励机制和竞争机制。

（三）有关高校教职员工的行为约束问题

人们的行动总是有一定的方向，方向错了，越是努力工作，工作的损失可能越大。目标机制是要解决教学工作和教学管理工作开展之前的目标方向，是从应然的角度来看工作方向问题。但是在实际工作过程中，教师的教学行为和教学管理者的教学管理行为并不必然地服从于目标的定向。人的行为的自利性以及理性的有限性都会使教师和教学管理者的行为偏离其预先设定的目标与方向，为此，需要在实际工作过程中对其行为加以约束。约束的直接目的在于保证人的行动不偏离目标，从而保证教学系统与被管理者个人的根本利益。

对教师及教学管理者行为的约束，可分为制约和监控两个方面。制约就是使教师和教学管理者的行为以某种外在的存在与变化为条件，强化其实现组织目标的正当行为发生；监控则是监督与控制，即对教师和教学管理者的行为加以实际的考察与纠偏。两者的主要目的都是防止隐蔽行动道德风险的发生，这样我们就可以把约束机制分为制约机制和监控机制。教学管理的制约机制将着重分析能够对教师和教学管理者的行为加以有效制约的因素，以及这些因素如何相互配合才能够有效地对其行为加以约束等问题；教学管理的监控机制则主要分析研究如何以最小的管理成本获取有关教学被管理者的真实而较为全面的信息，如何对实际的偏差行为加以纠正等问题。

二、高校教学管理机制设计涉及的基本内容

根据以上分析，我们将教学管理机制要研究的内容分为：教学管理的运行机制、教学管理的激励机制和教学管理的约束（监控）机制。

---

① 候光明，李存金．现代管理激励与约束机制 [M]．北京：高等教育出版社，2002.

（一）高校教学管理的运行机制

在我们看来，高校教学管理的运行机制主要涉及教学目标的确立机制、教学决策机制以及教学任务分配机制。教学管理目标确立机制着重于研究解决学校教学系统不同个体、个体与教学组织、不同教学组织系统之间有关教学目标、教学管理目标的统一问题。明确经过努力可以实现的目标，可以为行为个体提供动力，而且可以减少管理活动的成本投入，提高教学管理效益和教学效率。简而言之，统一整合教学目标系统将有助于提高教学管理效率，为高质量地完成教学任务提供前提条件。教学及教学管理的目标一经确定，教学管理者就必须考虑实现目标的手段、途径、方法和方式等问题。在现实的教学管理中，目标的实现存在各种可能的手段和方法。为此，需要在各种可能性中加以抉择，使管理的可能性转化为现实性。然而，这个问题在传统的高校教学管理中并没有引起足够的重视，有关高校教学管理理论研究都是在假定目标统一的前提下展开其理论框架、设定其管理模式的。教学目标与教学管理目标不仅受到人们的利益支配，更受到人们的教育价值观和管理理念支配。不同的教育价值观和管理理念将形成不同的教学目标和教学管理目标。教育价值观与教学管理理念的不同是现实的存在，并非人们的杜撰与空想，为此，需要在形成较为一致的教育价值观和教学管理理念的前提下，努力形成统一的学校教学目标系统。

（二）高校教学管理的激励机制

教学管理激励机制侧重于研究解决教学系统内部个体教学工作和教学管理工作的积极性问题。根据之前的分析，教学激励机制将依据激发的主体而区分为激励机制和竞争机制。高校管理者有必要在了解教师和教学管理者需要的前提下，通过满足教师和教学管理者的需要，激发其工作动力。高校教学的特征使管理激励理论应用于高校教学管理面临一定的局限性。高校教学的组织特征、教学过程、激励对象以及制度安排等都影响着高校教学管理激励的策略与效果。在此基础上，提出高校教学管理激励的行为模式、激励原则和实施策略。最后，对高校教学管理中的教师聘任制、分配制度以及课程与教学创新等激励问题进行分析，以期为教学激励实践提供参考。

（三）高校教学管理的约束（监控）机制

教学管理的约束（监控）机制主要是研究解决如何防止与纠正对个体行为和组织行为在工作过程中可能存在的道德风险与偏离目标组织行为的问题。随着高等学校办学规模的扩大，教学质量的监控问题越来越受到人们的关注，不仅得到高等教育理论工作者关注，更得到高等教育实践工作者的强烈的关注。在一个规模较小的教学系统中，教学质量监控可能通过传统的手段与方式实现；而在一个规模很大的教学系统中，传统的监控手段就很难实现监控的目的。同样，对教学工作行为的制约也是如此。高校教学工作既有外在的制约因素，如国家有关高等教育的法律法规与政策，也有来自高校内部的制约因素，如学校内部的规章制度；既有来自社会舆论的制约与监督，也有来自学生的制约与监督。如何将各种制约因素有效地整合与协调，共同促进高校教学质量的提高，是教学管理约束机制要解决的问题。

三、高校教学管理机制建设的策略

（一）发挥理念先导作用，努力更新教学管理观念

高校教学管理创新，首先是观念的创新。观念是行动的先导，只有冲破旧有的思想观念束缚，才能为教学管理机制创新开辟道路。必须以科学发展观为指导，保持与时俱进的精神状态，以创新的观念指导创新行为，不断解决改革和发展过程中的教学管理问题，带动教学管理的深入改革与创新。

1. 坚持以人为本

在高校教学管理过程中，应针对高校培养对象和培养目标的具体要求，坚持尊重是前提、教育是根本、和谐是境界的基本理念，营造理解人、尊重人、关心人、培养人、激励人的和谐局面，努力促进培养对象的全面发展。

2. 突出主体地位

一方面，要针对学生的主体地位开展教学管理。教学管理创新必须牢固确立学生的主体地位，充分尊重学生的兴趣和爱好，注意营造激发个人潜能的软环境，搭建良好个性培养发展的平台，实施人性化、弹性化管理和开放式管理，构建和

谐、稳定、有序的教学环境和学习环境；另一方面，要确立教学管理在高校管理中的主体地位。高校的教学工作和科研工作是高校各项工作的中心，高校的教学管理是高校管理的主要内容，在整个高校管理活动中居于主体和中心地位，主导和决定着高校的其他管理工作。高校的各级领导和教学管理部门、人员必须充分认识教学管理工作的重要地位和所发挥的重要作用，高度重视教学管理工作，以教学管理为牵引，采取有力措施确保各项管理工作相互配合、相互促进，形成合力，确保教学工作“中心居中”，教学活动健康有序，推动教学质量和效益再上新台阶。

3. 强化服务意识

只有高校教学管理的目标定位到为教和学提供服务保障的观念上来，定位到为培养高素质人才创造良好的条件上来，定位到为教师的教和学生的学营造优良的环境上来，才能使高校教师教的积极性与学生学的积极性被充分调动起来，形成良好的教学管理机制，产生巨大的教学管理效益。

（二）适应教学改革的发展需要，努力健全教学管理体系

科学的教学管理体系是全面落实教学工作、提高教学质量的根本保证。高校必须适应教学改革的发展需要，不断创新教学法规管理体系、人才培养目标管理体系和教学内容管理体系。

1. 建立健全各项规章制度，完善教学法规管理体系

各项教学管理法规的制定要体现“以人为本”的思想。完善教学管理规章制度是实施规范化教学管理的前提、依据和保障。以营造有利于创新人才成长的良好环境为出发点，以提高教学管理质量为准绳，紧紧围绕教学活动科学、正规、有序地展开。各项法规的制定要有利于广泛开展学术争鸣，营造开放、活跃、严谨、有利于人才脱颖而出的政策环境；有利于加强信息设施和信息资源建设与管理，创建先进的信息环境；有利于营造有利于创新人才培养的宽松环境；有利于实现严格管理与严谨治学的有机结合，制定宽严结合、生动活泼的管理办法，为学生营造激发创新潜能、全面发展的宽松环境。

2. 健全人才培养目标的管理体系

人才培养目标是教学管理活动的一部分，是推进现代化教学活动的根本目的和方向，是开发和配置教学资源的重要依据。在定位人才培养目标时，必须把握“高素质人才”的基本要求，即具有复合的知识结构，具有综合能力和创新能力，具有良好的全面素质。要着眼于全局，从以下三个层次来考虑：第一个层次是高校人才培养的总目标，这是各类高校、各种专业人才培养的总要求，适用于所有的高校；第二个层次是各类高校的人才培养目标，每个高校都要在总目标的指导下确立自己的人才培养目标，明确人才培养要达到的具体标准和要求，体现自身的特色；第三个层次是各专业的人才培养目标，是前两个目标提出的要求的具体化，根据专业培养对象确定标准和要求，更能体现出鲜明的专业性特点。

3. 构建新型教学内容管理体系

教学内容的创新是推进现代化教学的核心，是先进文化在教学领域最直接的体现，对学生知识能力素质结构的生成和优化影响重大。一般来说，设置什么样的教学内容，学生就会形成什么样的知识、能力和素质结构。教学改革只有始终抓住教学内容改革与创新这个主题，整合课程、创新教学内容，构建新的教学内容体系，实现教学内容整体优化，才能使现代化教学更加深入。

（三）注重人的主体地位，努力提高管理人员素质

高校教学管理工作的主体是教学管理队伍，他们是教学管理工作的执行者，教学管理队伍素质水平是影响教学管理效果的重要因素之一。因此，必须坚持全面发展的思想观念，着眼于教学管理队伍的能力培养，努力提高教学管理队伍的综合素质。

1. 提高认识，增强教学管理队伍建设的紧迫意识

高校的领导和人事主管部门要从选拔、教育、培养、稳定等方面入手，在人员配备、使用、培训、晋升等方面制定相应的政策和措施，为教学管理工作的开展创造良好的氛围，使教学管理人员努力有方向、工作有奔头；要切实把思想素质好、学历水平高、业务技能精、创新能力强的高素质人员充实到教学管理队伍中来，努力建设一支结构合理、年富力强，具有敬业奉献、开拓进取精神的教学管理队伍。

2. 规范制度，调动教学管理人员的工作积极性

建立健全竞争激励机制，实行定期考评、奖优罚劣的政策，调动教学管理人员的积极性，增强教学管理队伍的内在动力，构建良好的教学管理队伍用人机制。

3. 加强培训，全面提高教学管理人员的综合素质

高校教学管理队伍的建设，其中一个重要方面就是要坚决打破目前只用不训的用人模式，采取切实可行的措施，加强对教学管理队伍的培训，努力提高教学管理队伍的综合素质。为此，要针对实际、区分情况、有的放矢地开展高校教学管理队伍的继续教育工作，进一步突出教学管理队伍培养的针对性，有计划、有步骤地选送一些有培养前途的教学管理人员参加系统的教育理论学习、教学管理学术活动，进行调研、考察，进一步提高教学管理队伍的科学文化素质，促进其掌握教学规律，提高其研究和解决各种教学问题的能力。

（四）把握管理特点的规律，创新教学管理方法

高校的培养目标、培训内容不断发生变化，教学管理工作只有把握教学管理特点的规律，探索科学高效的管理方法，才能确保教学管理工作有序运行。

1. 适应培养对象多样化的特点，实施弹性化管理

应当允许学生自主选择主讲教师；通过考核打破专业、年级界限，允许学生跨学科、跨年级选课；实行分层教学，将必修课和选修课分成不同的层次、不同的模块供学生选择，允许学生提前毕业或延长学习期限等；允许优秀学生在一年级后自主选择专业；与当地其他高校联合办学，实现学生跨校选课，以及攻读辅修专业、第二专业学位、双学位，互相推荐研究生，互聘教师等。

2. 调动培养对象的积极性和主动性，实施自主式管理

课堂教学是开展教学活动的主要形式之一，但仅通过课堂教学无法满足培养对象的知识需求。除了要注重抓好课堂教学外还必须充分发挥图书馆、校园网等媒介的作用，使培养对象从中汲取丰富的营养，改善培养对象的知识结构。因此，既要注重发挥行政命令、强制手段在管理中的作用，也要注重发挥教育激励、启发自觉在管理中的作用，充分挖掘培养对象的优势和潜力，注重启发引导，使之养成自我管理教育的自觉意识和良好习惯，变强制约束为平等互动，变被动服从

为主动配合，变“要我学”为“我要学”，从而营造一种潜心学习、积极向上的良好的人才培养环境。

3. 运用信息技术平台，实施精确化管理

随着信息化建设的深入发展和管理系统自动化、一体化、网络化程度的不断提高，教学管理工作必须向信息时代的数字化管理模式转型，坚持需求牵引、信息主导、精确效益管理的原则，实施精确化管理。充分发挥信息技术的作用，加强管理规划和决策的预测研究，建立不同需求模型和不同形式的管理控制模型，将成功的管理经验物化为管理软件，变经验型决策为科学型决策。注重开发基于校园网的教学管理系统，确立精确化教学管理价值取向，实施精确化教学管理，实现教学指挥组织可视化、情况反馈实时化、考核评价客观化、信息处理及时化，全面提高教学管理效能和水平。

第二节　高校教学管理制度建设

一、高校教学管理制度的概念

制度是一种规则，包括组织构成、权力配置和一系列规则。其中，在高校管理制度的研究中，对内部组织结构已有大量论述，并已形成成熟的认识，即遵循现代管理的理念，实现扁平化管理结构的设置，对校—院—系的多级管理结构予以认可。同时，增加专项组织，如设置各类委员会，以实现民主化管理。但是，对于高校管理制度中内部权力配置的探讨虽然也有一些，认识并不统一，观点也不是很成熟。传统的观点是在高校内部存在学术权力和行政权力两个权力结构，但实际上，随着办学体制的改革、经费筹措制度的改革，学生在高校中的地位也在发生着微妙的变化，他们对于自由学习权利的要求也在日益提高，这种对自由的要求现在看来不仅是正当的，而且是必需的。

二、高校教学管理制度的结构

根据制度的应用范围和功能，按照制度分析的结构化分析要求，可以把高校教学管理制度分为教学管理基本制度和教学管理具体制度。教学管理基本制度包括教学管理系统内的组织制度和工作制度。教学管理具体制度包括具体的教学行为规范、对各教学专项工作的相关规定以及各种激励制度。

（一）教学管理基本制度

涉及机构设置及其权限的组织制度，在制度分析的结构化中属于中性制度。此类制度是指为了达成教学管理目标、顺利完成各项教学工作任务所作出的教学系统内有关管理层级、机构、人事及相应职责权限的安排，为教学工作提供组织上的保障。我国的高校大多形成了成熟的校、院、系三级管理层级，这是各高校依据自身的学科性特点，考虑到学科、教学与组织多重运行的实际情况设置的，各个管理层级并不是纯粹的行政管理机构，而是在纵向方面实施计划、组织、领导、协调、评价的管理职能，在横向方面又能够对教师、学生、设备、财务、质量管理等实施分工协作，是一种融专业建设、教学发展、组织效能等不同领域为一体的矩阵结构。

涉及工作岗位和综合性管理的教学系统内的具体工作制度，在制度分析的结构化中属于制度安排范畴。此类工作制度以分工为前提，以岗位职能为基础，主要表现为岗位职责，为履行工作的主体提供清晰的分工、职能和权限描述，确保各项岗位工作能正常运行。该类制度还对平行机构之间的关系、上下级关系、机构内部关系予以设定。平行机构之间的关系是指教学管理部门与其他部门之间的关系，如教务处与学生处之间、教务处与后勤处之间、教务处与办公室之间的关系，工作制度对这些关系予以明确规定和协调，以减少工作过程中的冲突，避免相互推诿和管理真空；上下级关系指教务处与各院系部、系部与教研室等之间的关系，工作制度中通过明确各自的权利与义务和各自的工作流程，避免越位、错位，提高工作效率；机构内部关系指各科室之间、各教研室之间、各系之间的关系，工作制度在分工相对明确的基础上，对以上各项关系予以协调和配合，使机构内部之间既合理分工，又通力合作，互相促进，互相提高。

（二）教学管理具体制度

教学行为规范类管理制度对各教学过程和环节给出较清晰的目标、职责、范围和工作流程，为教师、学生和教学管理人员提供简明扼要的指导和帮助，有利于维持正常教学秩序和提高教学工作效率。此类制度在教学管理制度中占据很大比例，包括日常教学管理制度，如课程表管理制度、教学文件编写要求、专业设置和调整审批条例、教学过程管理方面的诸多规定等，还包括学籍管理制度、专业技术职务的推荐与评审制度、考试管理制度、教学档案管理制度等。

各教学专项工作的相关规定属于非中性制度，针对教学工作中有关建设与改革类项目，如专业建设、课程建设、实验室建设等具体的和专项的横向工作，予以方向、范围、目标等方面的规定，引导师生积极主动地总结教学工作的经验和教训，围绕教育教学目标开展创造性、创新型教学活动，推动教育教学工作的前进和发展，是对教学行为规范类管理制度的补充和完善。

为促进工作更有效率所设立的激励制度也属于非中性制度。组织制度和工作制度是对分工与职能、权限的基本规定，教学行为规范和教学专项工作的规定也仅是基本的要求和导向，它们并不能以此推动高校中的每位成员积极主动地开展各项教学活动，也就对教学工作成效的提高起不到完全的作用。因此，还要制定一系列激励制度，包括行为约束制度和行为激励制度。行为约束制度是对因为责任心不强引起的疏忽大意或工作中故意导致的教学行为失范给予相应的惩戒，以免混乱的教学秩序给教育教学工作带来伤害；行为激励制度则是结合岗位工作特点实施教学倾斜政策，对工作优秀者给予奖励，以期对其他教师和教学管理人员、学生起到引导作用。

三、高校教学管理制度的建设策略

（一）转变教学管理理念

1. 树立服务性管理理念

管理即服务，服务已成为管理行为的基本含义之一，高校教学管理也应表现出对教师、学生的服务意识，为其提供必要的工作、学习、研究条件，帮助他们解决困难，为其创造发挥主动性、能动性的民主和谐的教育教学环境。服务性管理理念要求改变上令下行的管理方式，避免行政权力的泛滥，强调学术权力的重要地位和学生权利的应有地位，要求建立共同参与、相互协商、上下协调的沟通机制。在服务性管理理念的指导下，教学管理者不再是一个发号施令的领导，而是事业的推动者，是民主、和谐氛围的缔造者。服务性管理理念还要求改变师生间控制与被控制的关系，建立民主、平等的师生关系，树立教师为学生服务的理念，教师以平等、自由、尊重、信任、友善、理解、宽容、亲情、友爱和真诚感化、指导和鼓舞学生形成积极的人生态度并积累丰富的情感体验，使之在良好环境下愉悦地学习，促进其身心健康地成长。

2. 树立人性化管理理念

教育教学的对象是人，教育教学的实施者也是人。因此，高校教学管理应该体现出对人的关怀、尊重、信任。科学技术的进步、物质财富的创造和社会生产力的发展，都离不开人的服务和劳动，管理必须围绕“人”这个第一要素，围绕“人”这个核心概念，通过提高人的综合素质，充分调动人的积极性、主动性和创造性，提高管理功效，实现预定目标。高校教学管理亦是如此，是通过教学管理人员与教师、学生的双向互动进行的，即管理人员顺应教学环境，尊重教师和学生的人格和权利，满足教师和学生的工作、学习需要，教师和学生则自动自觉地把工作和学习视为人生发展的重要组成部分。教学管理制度就是要协调三者的关系，赋予教师相应的权利，保障其学术上和教学上的相对自由，并着眼于学生的综合素质、创造能力和创新思维的培养，注重指导学生的学习自由，使之学会学习、学会生活、学会工作。

（二）完善组织体系

高校教学管理制度包括教师的教与学生的学两部分管理制度，两者应该有着密切的联系与结合。实际上的情况是教学管理组织与学生管理组织形成两条平行线，或者仅是相交于一点的结合，一部分学校当前的组织安排一般分为学术性事务、学生事务、生活事务和其他单位事务，而成为“功能的仓库”，阻碍了运用学校资源增进学生学习进步的协作。打破这些障碍是困难的，因为学生课外的学习是每一个人的事，只有通过行政管理者、教师和学生事务工作人员共同合作，高校才能营造良好的学习风气，才能通过支持和鼓励学生参与各种活动激发必要的活力和激情。在现代大众化和多元化的高校里，应该是以学生为中心的教育，高校应该营造良好的学习环境，帮助学生开发潜能，培养有教养的、学会如何生活的公民，因此学生管理必须回归高校教育的核心，即促进学生学习。

学生事务管理组织应当激励学生积极学习，帮助学生发展统一的价值和伦理基础，拟定并宣传对学生学习的高度期望，使用系统的研究去引导学生和组织行为，有效地利用资源达成组织的任务和目的，联合全校的教育人员，建立具有支持性、总体性功能的学生社区，最终促成将学生学习作为高校学生事务的核心价值。

有效学生管理组织包括学籍管理组织、学业指导组织、职业生涯规划指导组织、生活事务管理组织。为了尊重广大学生，发挥群体作用，学生事务管理组织亦需要建立委员会性质的组织，如学生事故处理申诉委员会、学生会、社团联合会、学生实习指导委员会、大学生创业指导中心等。为了保证学生事务管理组织功能的发挥，需赋予它们新的功能。

一是思想教育的咨询功能。学生事务管理组织的基本职能是育人，育人的首要任务是思想教育，为学生提供咨询和指导，让学生正确地认识、分析、判断社会信息和社会发展过程中涌现的新价值理念，促使他们自觉接受先进的世界观、人生观、价值观，让他们以良好的心态对待自己、对待社会，以更好的心态对待学校、社会环境，与此相对应的组织包括心理咨询中心、就业指导中心、学籍管理中心、社团管理中心、学生服务中心等。

二是创设学生自主成才的环境。现代大学生由于经历不同、知识结构不同、兴趣爱好不同，造成他们的学习能力、科研能力也不同，对毕业后所从事的职业也有不同的选择。有效的学生管理组织要充分尊重学生的自主权，让他们根据自己的个性、学习兴趣和专长自主选择专业、课程、教师、学习时间和地点，在给予他们学习咨询和指导的基础上，使他们保持参与教学的积极性和思考问题的自主性，培养他们的理性精神和主体创造精神。为此，成立社团性质的学生组织是一个很好的选择。现代大学生交往空间日益扩大，迫切需要适合自身特点、能实现互教互学、有交流机会、锻炼和表现自己、发展个人兴趣爱好的形式，学生社团以共同的兴趣爱好、共同的意愿为基础组建。学生社团是学生综合素质培养的重要载体，是学校思想教育的重要阵地，是校园文化的主要建设者。学生社团是学生管理组织的重要部分，对于学生能力的提高、素质的拓展、课余生活的丰富有极大的帮助。

（三）明确职责

1. 明确部门职责

若要明确教学部门的职责，首先要规范各部门之间的相互关系，避免在管理工作中出现摩擦以及效率低下的现象。管理不当的一个重要原因是授予权力却没有负起责任，这将会导致权力滥用。

在当前高校教学管理工作中，多采用校、院（系）两级管理模式。管理者需要在教学管理制度创新的过程中对此两级管理部门必要的职能和职责权作出明晰的界定，理顺两者的关系，体现两级教学管理体制的科学性。主要措施是高校的校级领导和各职能部门必须从以往那种包揽各种日常管理事务的状态中解放出来，改原有的过程管理为目标管理、价值观管理，减少对教学、科研等具体工作的干预，其职责应定位为统一管理、全面协调以及检查督促等。二级院（系）则要充分发挥主动性、能动性，走出校门，走向市场，根据社会的发展需要，妥善处理好院（系）与学校、社会、企业的关系，承担起基层教学管理和从事教学科研活动的双重职责，做好学科建设、人才培养、科研等最基本的学术工作，确保教学管理在院（系）诸多管理中的核心地位。

学生管理部门亦应从纯粹的日常管理、生活管理的职责向促进学生的学习与发展的方向迈进，向具有更直接、积极的教育意义的角色转变。学生管理部门应主动参与到学术事务中，与学术事务管理部门建立良好的伙伴关系，加强学生对综合素质教育、服务学习、课外活动、心理社会发展的认识，加强学术与社会之间的整合等。

2. 明确岗位职责

建立健全教学管理岗位责任制是高等学校的教学管理系统高效、有序、规范、科学运行的基本保证。明确教学管理的岗位职责，应包括责任指标、工作标准、协作要求、激励措施。一是明确每个岗位应担负的责任，该责任能够让他们明确完成责任指标的重要意义和对本人的价值，充分调动工作积极性和主动性。责任指标应该具有可行性，即通过努力可以实现，衡量标准也需要统一、明确、客观。二是明确每个岗位的工作标准，如该岗位所具有的业务功能、服务功能，对岗位工作所应具备的行为要求，完成岗位工作具体的实施方式和方法。三是协作要求，包括做好部门内外的协作关系、上下工作程序协作关系、平行部门和岗位协作关系等，处理好这个协作问题，可以起到充分利用周围环境、资源为岗位工作提供支持的作用。四是激励措施，教学管理要制定主要包括精神激励在内的激励措施，对完成岗位职责的人员要兑现奖励约定，对没有完成的人员要兑现处罚约定。

（四）保证程序公正

1. 构建问题，数据分析

以事实为基础，即要掌握目前所知的全部事实，并有所考虑，做好学习准备，不能盲目判断事实正确与否，要对问题进行深入挖掘，提出疑问，搜集证据，对拟制定制度进行充分的必要性、可行性论证，从多个视角考察制度的必要性、制度可能带来的“利”“弊”、制度给教学工作带来的影响、对教学管理目标的达成度等，这样才能够提出证明或证伪初始假设的若干问题。

数据收集的一个重要方式是访谈。通过访谈，我们不仅可以得到主要的数据，而且可以发现二手数据的信息来源。当然，访谈的价值不局限于数据收集，还可以作为验证观念、增加可信度的一种机制。在完成所有的访谈和数据后，就需要对大量的细节进行筛选，“从稻壳里挑选出麦子”，去粗存精，剔除不相关的论据，把能够证明或证伪假设的数据贯穿成一个模型。接着，就是用此模型解释结果，如果分析证明假设是对的，就可以描绘出数据蕴含的行为过程；反之，如果数据证明假设是错误的，就需要重新设立假设来拟合数据。当事实与假设互相矛盾时，需要修改的是我们的假设，而不是推翻事实。

构建问题是对现有状况进行充分分析，以学校长期战略规划为指导，提出、界定、细分问题，然后进行数据的收集与分析，建立解决问题的模型，同时要不断地证明或证伪这一模型假设。在进行上述数据收集以后，不能就此止步，而要继续深入分析，构建问题模型，从中得出许多有益的结论，即那些不良现象是制度不科学、不合理、不健全导致的，这就为我们运用制度分析方法、提出解决问题的措施奠定了坚实的基础。

2. 尊重服务对象，以广泛参与方式体现民主要求

民主参与包括许多形式，如促使校园文化由专制向民主过渡，主要通过教学

管理理念的转变，指导服务性管理制度、人性化管理制度和柔性化管理制度的建设；构建扁平化组织结构，通过各类委员会的设置和对院系权力的让渡等方式，赋予基层学术组织和教师们充分的权力，保障学术自由的实现；让师生具体参与制度决策和执行过程等，如成立各种教师和学生的服务组织，设置学生助理岗位，提供教师和学生信息服务等。

教学管理制度的变革不仅是一次利益的调整、权力结构的划分，也是一次新旧文化之间的冲突和变革。从行政意志主导的制度变革转变到共同参与的制度变革，不仅需要教学管理者与教职员工、学生之间的相互角色定位发生变化，还需要学校文化氛围从专制到民主的变化。通过制度变迁，促进教学管理服务性、人性化和柔性化理念的形成，推动校园民主文化的发展。反过来，校园文化从专制向民主的让渡，又能促进制度向着民主的方向变迁，彼此之间相互作用、相互推动，相辅相成、相得益彰。

民主最重要的手段是让师生参与学校的管理和决策过程。广泛参与包括时间维度上的持续性和稳定性，尽管个体的行为可能是一次性的，但教学管理制度的创新需要在整个过程（包括执行、反馈环节）坚持程序民主的原则，教学管理制度变更、替代、创建时更需如此，需要在制度分析全过程、全时段上予以坚持和完善。

3. 建立良好的沟通，协调发展

无论是采取强制性制度变迁模式，还是诱致性制度变迁模式，无论是采取行政主导式的刚性创新手段，还是参与式民主措施，建立一种有效的沟通、协调机制都是必要的。沟通、协调机制的建立，有利于界定权力和责任的界限，克服权责不分所带来的管理混乱，在保证行政权力效率的同时，赋予教师足够的学术权力以保障学术自由，赋予学生应有的权利以保证学习自由的实现，最终促使程序公正地实现，获得教学管理制度对教学质量提高的有效保证。良好的沟通、协调机制包括以下几方面内容：

一是设置决策过程中行政权力、学术权力、学生权利相互协调的有效机制，在制度创新过程中，矛盾与纠纷是不可避免的，如果不能及时化解，将最终导致制度的失败。所以，在决策时要提高透明度，在创新的不同时期要即时通报进展情况和问题，给予师生质疑的权利和机会。二是建设良好的信息技术平台与信息沟通、共享机制，保证信息处理的及时与完整，数据交换渠道和平台的宽阔与畅通。无论是学术权力、行政权力，还是学生权利，在参与制度创新的过程中都将更多地从自身利益角度出发考虑问题。为此，要建立有效的信息中枢机构，公布各方面利益主体的信息，将教师教学工作中反映的问题、学生学习过程中产生的困难、教学管理工作的成本等信息及时汇总到信息机构，使其得到及时的处理和反馈，实现信息共享，把各方面的创新过程和活动有机地联系起来。

第三节　高校教学管理队伍建设

一、设立专门学校或在高校增设相关专业

目前，我国的高等教育领域涵盖多种教育管理专业的硕士和博士研究生课程，以及教育硕士等不同层次的学历课程，供学生自由选择。到目前为止，我国有近100所高等院校提供高等教育学专业以及教育经济与管理专业的硕士课程，该课程聚焦于高等教育领域。在2003年之前，只有厦门大学、华中科技大学、北京大学和华东师范大学具备颁发高等教育学博士学位的资格。自2003年国务院学位委员会第九批公布博士和硕士学位授权学科以来，众多高校开始设立高等教育学博士授权点，包括清华大学、苏州大学和湖南师范大学等。与整个研究生教育门类相比，高等教育学专业的研究生数量较少。

一个成熟的职业需要有明确的人才来源渠道。例如，学生可以通过接受专业训练和进入经验丰富的医学院和医科大学积累所需技能，并在毕业后被医院选用。这种方式有效地保证了人才质量，同时避免了用人单位在招聘后还需额外耗费时间和精力进行培训的烦琐。同样的道理，在确保新员工能够快速适应工作并具备必备知识和技能的前提下，高校需要建立一个可供高水平管理人才加入的渠道。举例来说，高校可以雇用有管理教育学背景、已完成大学课程的毕业生。虽然我国有一些专门培养高等教育管理人才的专业，并且每年的毕业生人数在增加，但考虑到目前市场对管理人才的需求量，这种增长显然无法满足实际需求。因此，笔者建议扩大高校相关专业的教育领域，可以考虑在高等教育领域设立一所高等教育管理学院，类似于医学院或医科大学，培养高等教育领域的管理人才。

高等教育管理专业学生需要修习多门课程，其中涵盖管理基础理论、与学校管理有关的理论、教育法律知识、课程和教学基础理论以及研究方法。通过这些课程，学生可以获得全面掌握相关知识和技能的机会。此外，该专业的学生还需要参加教育管理的研讨课程。高等学校需要将上述课程当作高等教育管理专业的教学重点内容。想要开展有效的高校管理工作，高校管理人员需要掌握基本的管理和学校管理理论，同时对课程和教学相关知识有深入的了解，还要熟悉教育法律方面的知识，从而保证管理方式的科学合法性。此外，为了促进交流并提高研究能力，高校管理人员应当参加各种研讨课程和研究方法论课程。高校管理人员必须具备方法论方面的知识，因为这是必不可少的工具性知识。

二、实行职业资格准入制度，严把招聘关口

资格证书制度诞生于工业革命后，随着行业技术的发展逐渐形成，而后被各个行业协会和职业团体广泛推行。资格证书是一种合法有效的文书，其作用与身份证、工作证和毕业证类似，能够有效地确认某人在某个领域具备特定的能力或资格。从社会学层面看，每个人在社会中都有其独特的身份。为维护职业道德规范和法律法规，社会实行资格管理制度，确保不同个体在职业活动中恪守职业准则，保障社会经济技术活动的有序管理，进而推动社会稳定、快速地发展。

职业资格证书制度是随着职业领域日益专业化而兴起的。它要求从业者接受系统的教育和培训，以获得拥有特定技能和知识的职业资格证书。这些证书能够确保从业者胜任工作并取得从业资格。如今，许多国家都采用职业资格证书制度来规范各行各业从业者的准入资格。

只有实施高校管理人员职业资格证书制度，才能实现全员聘用制的推广与普及。全员聘用制的实施，关键在于实行科学的职位设置和公开面向社会招聘。精确确定职务设置是全面实施聘任制的核心要素，也是促进高校管理队伍专业化建设的关键步骤。

高校管理人员资格证书应该成为聘任或应聘高校管理人员必不可少的合法依据。什么人可以当高校管理人员，可以在哪一级岗位工作，在管理人员资格证书中都应该有明确的规定。高校管理人员持有哪一类、哪一级证书，需要什么样的

训练，需要什么程度的学历，必修哪些课程，各类课程需要多少学分，也应该有明确的规定。目前，对于教师资格证书的研究比较多，结合这些研究，根据高校管理人员现状，在此主要探讨实行高校管理人员职业资格证书的两点具体想法和建议：

（一）尽快建立高校管理人员职业资格认证制度和认证机构

建立一个机构，负责认证高校管理人员的职业资格，并设立全国高校管理人员教育资格与批准委员会，从而提高高等教育管理人员教育和培训的水平。为此，高校需要对从事高等教育管理人员教育和培训的师资、基础设施和课程等方面进行评估与监管。为了保证质量，有关人员需要对被认定为合格的高校和机构进行监管和评估。另外，全国高校管理人员教育资格与审查委员会还要负责集中授权，为通过考核的高校管理人员颁发资格证书，以便规范高校管理人员市场。

（二）明确高校管理人员职业资格证书的等级和类型

不同层次的高校管理工作需要不同类型的管理人员来完成。高等教育机构中存在不同级别的管理人员，包括初级、中级和高级管理人员。不同级别的管理人员被分配了各种职责，包括负责人事、学生工作和就业等方面的分工。鉴于管理人员的级别和类型存在多样性，他们所需的知识结构也不尽相同。因而，在推行职业资格认证时，必须明确等级和类别的划分。大体上，高等院校管理职业资格证书的级别分为初、中、高三级，不同级别的证书可以确认管理人员的资质水平。以下是这三个层次的管理人员必须遵守的原则与规范：

1. 初级管理人员证书

获得教育学或管理学硕士及以上学位，或是获得非教育学或管理学硕士及以上学位，但修完教育管理方面的相关课程，并获得了相应的学分；参加高校初级管理人员资格考试成绩合格者。

2. 中级管理人员证书

获得教育学或管理学硕士及以上学位，或是获得非教育学或管理学硕士及以上学位，但修完有关教育管理的课程，并获得了相应的学分；已取得高校初级管理人员资格证书；在高校管理层工作 3 年以上；取得突出的高校管理研究成果。

3. 高级管理人员证书

获得教育学或管理学硕士及以上学位，或是获得非教育学或管理学硕士及以上学位，但修完有关教育管理的课程，并获得了相应的学分；已取得高校中级管理人员资格证书；在高校中层管理岗位工作 3 年以上；取得突出的高校管理学术研究成果，得到同行专家的高度评价；参加高校高级管理人员资格考试且成绩合格者。

我们需要保证高等教育机构管理职业资格认证制度具备足够的开放程度。“开放”概念涵盖两个方面内容：一是人员获取的开放性。无论毕业生毕业于哪一个学科，只要完成规定的课程并获得足够的学分，就有资格参加高校管理职业资格证书考试并获得相应的认证；二是学习方式的灵活性，学生可以参加培训机构、自学或者网上课程。只需通过资格考试，即可获得相应证书。此外，要确保证书真实有效，获得证书的每一个人都必须接受严格的专业培训。高校管理工作的性质高度多样和复杂，要求管理者具备各种综合能力，解决各种不同的管理难题。因此，我们应当谨慎地选择考核方式和考核内容，确保获得证书的个人确实具备在高校管理工作实践中所需的能力。

三、做好高校管理人员的培训工作

强化高校管理人员的培训和发展，对加快我国高校管理队伍建设进程至关重要。同时，这是促进高校管理人员专业化发展进程的一项非常重要的措施。所以，高校应该给予足够的重视，并将其视为长期任务来完成，打造一套科学合理的高校管理人员培训体系。

在高校管理人员培训工作中，仅有书面上理论知识的培训还不够，因为理论和工作实际毕竟有一段距离，还必须强调理论知识和实践知识的统一，只有让理论知识对具体管理工作有实践指导意义，知识结构才是完整的。结合高等教育发达国家对于高校管理人员的培训方案，在培训的内容中还应涉及具体管理工作的案例分析，发达地区的高等教育经验表明这种学习更加直接而且有效，对工作具有实际指导意义。

在我国，高校高层管理人员培训主要由政府组织，教育部直属的国家教育行政学院作为专门机构承担此类培训任务。国家教育行政学院举办的高校领导干部研修班、教育部直属高校中青年校级干部专题研修班和高校中青年干部培训班等培训项目，是我国主要的高校校长和高层管理人员培训项目。

对于高校管理人员的培训来说，培训方式应该是灵活多样的。培训内容既要看培训相关理论知识，又要针对具体对象和特定问题进行培训，比如，有对财务管理、信息化管理、学生事务管理等方面的专门培训；培训模式也应该多样化，增强理论与实践相结合，既开阔受训者的知识视野，又突出培养他们解决实际问题的能力，注重理论知识和实践技能的共同提高，实现更好的培训效果。培训中应注意的事项如下：

第一，岗前培训和岗中培训同等重要。现在很多高校在新引进人员时都会开展岗前培训，岗前培训的内容主要为学校和各部门概况和开展高校管理工作所需的专业知识。事实上，岗前培训只是培训了一些基础性知识，在实际的管理工作中我们遇到的问题更多，培训显得更加重要。所以，要把岗中培训放在重要的位置，安排专门的部门具体组织负责，健全高校管理人员培训体系，做好人力资源管理工作。

第二，不同部门的管理人员在培训内容和培训模式方面要有同有异。高级管理人员的管理知识要多于初、中级管理人员，财务部门和学工部门需要的管理知识也不尽相同。因此，在培训内容和培训模式等方面要有针对性，有同有异，不能把所有管理人员都放在一起，采取同样的形式，培训相同的内容。对于高校管理人员的培训来说，培训模式也应该是灵活多样的，为了方便工作，应该以短期培训为主。

第三，鼓励自学，增强自我学习意识。管理人员要想真正掌握管理知识，提升自己的管理能力，还必须注重自学，增强自我学习意识。一方面，高校管理人员应该通过学校组织的培训集中一段时间增加管理知识；另一方面，高校管理人员自己也要学会充电，平时注重累积知识，多学习相关专业知识，营造良好的学习氛围，并将理论付诸实践，如此的实际工作能力才可能有较大的提升。

四、高校逐步完善管理人员考核、激励机制

（一）完善考核和评估制度

考核在推动个人发展和整体竞争力方面起着至关重要的作用，它不仅能够激发成功者保持前进的动力，也可以鞭策落后者迎头赶上并发挥潜力，从而创造一个健康的竞争氛围，增强人们的竞争意识。使用这种方法，高校管理人员能够提升个人才能和专业技巧，从而促进高校管理和服务效率与水平的发展。管理人员的工作绩效考核基于他们的职责和工作目标，这是评定他们整体水平的核心依据。管理人员可以通过考核和监督检查自身的表现和素质，随时调整自己的专业观念和行为，并制订明确的专业发展目标，持续提升自己的专业素养。而后，他们的个人职业发展能够得到有效提高，同时会为学校的进步作出有益的贡献，这些都离不开其自我能力的不断提升。

高校必须先建立完善的考核机制。高校需要确定明确的衡量标准，并实施基于科学原理的评估机制，以进行测评。为保证高校管理岗位的准确性与公正性，高校必须建立独特的考核指标体系，并对每位管理人员的职责、权限和回报作出明确的规定；要明确每个职位的职责范围，并将详细的分类标准列入考核重点，确保所有级别和类型的管理人员都能够满足其专业要求，从而实现考核工作的专业化。高校可以考虑设立一个更具包容性的考核评价委员会，向更多相关领域的专家和责任人员开放，综合运用上级主管考核、群众评议考核、自我评估以及同行评估等多元评估方式，完成对被考核人员的全面评价。

为了严格化考核程序，高等教育界需扩大评估范围、加强考核程序，将群众和领导的评议结果整合起来，并加强群众评价的权重；精细化评估等级，恰当地拓宽分层范围。目前，我国各高校通常采用三级考核制度：优秀、称职和不称职。要整合考核结果和激励措施，促进人员晋升并建立正反馈循环。优秀的管理人才应该根据其绩效考核和职位责任获得相应的薪酬激励，增强竞争力并提高动力。同时，高校要提高考核的透明度，实施公开考核机制。在评估工作完成后，应以保护个人隐私的方式公布结果，确保考核程序公正透明，避免利用私人信息进行不公平的操作。

（二）完善高校管理人员职级与职务制度

我国的高校主要存在三类工作人员群体：一是负责开展教学和研究工作的人员（教师），二是从事管理工作的人员（管理人员），三是承担各种实用工作的人员（工勤人员）。这三类人员的职位评估方式不尽相同，其中，教师通过专业技术制度进行评估，工人则需要参加技术等级考试，管理人员却缺乏一个全国性的独立职务等级序列。他们的职位级别通常由各个学校依据自己的情况规定，并且评定标准也经常变动，一般每隔几年就会调整一次。在许多情况下，管理人员在执行管理职责时，只有评聘教师岗位相关的职业技能的权利，而这导致教师与管理队伍之间存在一定的矛盾。职级是一种评估标准，用于确定岗位职责和个人素养的水平。评估标准基于应聘者的职级资格以及逐步积累的晋升历程；职务是由组织指定的，主要反映的是工作职责，同时代表了责任、权力和利益的综合，通常不会受到年龄因素的影响。

《高等学校职员制度暂行规定》中提出将高等学校职员职级分为三个职等和十个职级。其中，一、二、三、四、五级为高级职员，六、七、八级为中级职员，九、十级为初级职员。这种划分是比较合理的，高校只需要在具体的管理工作中以这种划分方式为指导，同时结合学校特点略加调整。前面提到高校管理人员必须拥有高校管理人员职业资格证书，结合职级，初级职员必须拥有初级管理人员证书，中级职员必须拥有中级管理人员证书，高级职员必须拥有高级管理人员证书，这是管理人员上岗的前提条件。从理论上讲，一个职级很高的管理人员可能不担任任何领导职务；相反，职务较高的领导也可能职级较低。因此，高校在管理人员职级与职务制度设置的过程中可以采用职级与职务脱钩的原则，改变过去两者混合在一起的做法。

对于职级，高校可以按照《高等学校职员制度暂行规定》的标准，采取横向晋升原则，即随着任职资历的增长，只要符合规定条件，年度考核合格，就可以横向进档，顺利向上晋级，当然，涉及初级职员晋级为中级职员、中级职员晋级为高级职员时还必须通过考核拿到更高级的管理人员证书。但是职级的晋升并不代表职务同时晋升，职级晋升更多地考虑年功因素，而职务晋升更多地考虑业绩因素。这样，对于高校管理人员而言，高校就设置出职级晋升和职务晋升这两种途径的晋升阶梯，这对于解决一些非领导序列人员的问题是可行的、有效的。同时，职员岗位要有竞争性，要充分考虑职员的工作业绩，在制度设计上做纵向晋升，即级别晋升的安排。事实证明，让员工在一个有变化的环境中工作，有奋斗的目标和实际进步的迹象，员工就会在一个工作岗位上待更长的时间，也会工作得更有效率。

改善职级与职务同时晋升的原则，一方面，为高校管理人员的晋升创造了两种途径，突破了高校管理人员职位的限制，为更多没有领导职务的管理人员创造了提高和发展的机会；另一方面，职务晋升不受年龄和工作年限限制，也可以促使高校优秀青年管理人员不受资历束缚、脱颖而出并走上领导岗位。更为重要的是，这种制度可以使高校管理人员逐步淡化职务身份。合理的职级与职务制度将有助于树立高校人事管理新理念，提高高校管理人员工作的积极性，进而为高校发展造就一批熟悉高校管理规律的专业化、职业化管理者，从而提高高校管理人员的整体服务水平。

第四节　高校教学管理信息化建设

一、高校信息化建设的意义

20 世纪 90 年代之后，我国高校的招生规模扩大，高校隶属关系发生变化，高校之间的竞争也日趋激烈。高校需要开发自己的核心实力，以应对当前和未来的竞争环境，就像企业和其他组织一样。在当今高校的教学、科研和管理领域，信息化是必不可少的一种工具，可以有效地提升高校的核心竞争力，促进其长期发展。具体来说，高等教育机构进行信息化建设的价值可从以下五个角度来解释：第一，使现实的校园环境在时间和空间上得到延伸，并克服多校区管理方面的障碍；第二，提高学校管理效率，节约成本，实现学生的自主管理，并提供校园文化的发展园地；第三，可改变传统资源（如图书、学籍等）的存储、传递以及服务形式，进而提升学校的核心竞争力；第四，提供学校对外交流与服务的窗口，加强宣传、促进交流，提高学校在国内外的影响力和知名度；第五，为学校领导层提供重要的决策支持，对学校的发展具有深远的影响。

二、高校教学管理信息化建设——数字化校园

数字化校园建设是为了与学校的发展战略相一致，而进行的一项长期而又持续的建设工程。除了考虑目前校内信息化方面的成就和数据外，我们还需要着眼于未来信息化的发展，建立可持续的框架和基础。这样做的目的是持续改进数字化校园并降低由技术和管理理念的变化而带来的压力，同时为学校积累经验。通过利用学校内部各方面的资源和信息技术成就，数字化校园旨在提供高效全面的信息化解决方案，加强学校的核心竞争力。总而言之，数字化校园主要包括以下建设内容：

第一，制订学校信息化建设的长期规划，指导信息化建设；第二，加强信息化基础设施建设，建设稳定、可靠、安全的网络环境；第三，基于“硬件集群、数据集中、应用集成”的建设框架搭建数字化校园的基础平台；第四，基于URP（大学资源计划）思想提升学校资源管理水平，全面建设学校校级信息管理系统，优化现有管理流程和管理机制，在保证学校战略目标实现的前提下，提高学校行政管理效率，节约管理成本；第五，丰富健全学校各级人员交流协同的手段，创建教学平台和科研服务平台，为全校师生提供良好的生活服务、教学服务和科研服务；第六，规范学校的数据管理、采集和分析方法，做好历史数据和信息的收集和整理工作，提高数据收集的准确性、有效性和实时性，为领导层进行相关决策提供科学、合理的决策支持。

（一）数字化校园建设的总体规划框架

数字化校园的建设旨在打造一个现代化的网络生态环境，以促进教学、科学研究、管理、服务和校园生活等领域的不断进步和发展。

按照学校数字化校园规划目标，计划利用三到五年的时间开展数字校园建设，并确保较为先进的数字化环境基本建设完毕。学校校园信息化建设框架需要符合整体规划的要求，具体涵盖以下几方面内容：

1. 基础设施建设

基础网络平台、弱电系统，包括综合布线系统、综合管网弱电系统、智能楼宇系统以及包括园区骨干网、汇聚层等网络系统。

2. 应用支撑平台建设

数据集成平台：对数字化校园中的各种异构数据进行集成，消除信息孤岛，实现业务系统之间实时的数据共享。

统一身份认证平台：为各应用系统提供集中的身份认证服务，提高数字化校园应用系统的安全性，用户不需要记忆不同的密码和身份，通过统一信息门户实现单点登录，整体上避免重复投资。

信息门户平台：平台位于数字化校园体系结构中的最上层，实现数字化校园各应用系统与用户的交互服务过程，是数字化校园对内服务的窗口。

3. 三大中心建设

（1）行政管理中心

基于 URP 思想打造的一站式学校管理信息系统，此系统覆盖了学生事务管理、课程管理、人力资源管理以及新生入离校管理等管理领域，并能够充分整合各管理系统的数据和流程。此外，它能够巧妙地利用基础数据库，提供全局统计分析功能，同时可以为领导决策提供必要的数据支持，是一期项目建设的关键。

（2）数字资源中心

以各种数字资源为主线，以网络化教学和资源共享为核心，整合教学资源、科研资源，实现制作、管理、发布及应用。

（3）协同服务中心

以消息推送服务和公共群组服务为基础，以校园文化系统、部门协作、项目协作为核心，扩展全校的工作、科研、社区生活的协同方式，为校园不同角色提供服务。

4. 安全与标准体系

（1）数字化校园安全体系

建立数字化校园综合安全服务体系，从物理、网络、系统、信息和管理等方面保证整体安全，是保障数字化校园系统安全可靠运行的支撑体系。

（2）数字化校园信息标准体系

为各个系统定义统一的标准，包括信息标准、编码标准、管理规范、实施规范、维护规范等，提供日常运维服务，是保障数字化校园系统规范、可靠运行的支撑体系。

（3）数字化校园运维管理体系

包括系统监控、系统管理、项目管理、维护服务等，是保障数字化校园系统安全可靠运行的重要支撑体系。

（二）数字化校园建设的内容

1. 系统平台

系统平台由软件基础架构平台、操作系统、数据库三大基础软件构成。软件基础架构平台由安全和可用系统、应用和Web系统、网络身份系统、门户系统、通信和协作系统、开发工具等部分组成。软件基础架构平台有两个基本要素，即支撑环境和开发体系，其中，支撑环境是指应用软件系统开发与运行的基本条件，开发体系是指开发与维护管理应用软件的工具与方法。

2. 应用平台的典型系统

（1）统一基础资源信息数据库

基础资源信息库：为数字校园信息系统和应用提供基础数据服务的核心数据库服务系统，能有效地统一各部门之间、各系统之间、各业务之间、各平台之间的数据服务。

基础资源信息库的范围：角色（教师、各种业务管理者、学生、校领导、部门或业务领导、职工等），权限（各级别系统管理员、业务操作者、业务或数据功能模块权限，如教师、学生等），物（国有资产、低值易耗品、办公用品、办公室、教室、实验室、计算机机房、学生宿舍、公寓），图书（纸制图书、电子数据库、光盘数据库、网上下载图书资源），媒体资源（自制课件资源、下载课件资源、学校宣传媒体、传统教学资源），特色资源（期刊、检索、科技及其他学科基础资源），财（数据导出等视需求而设计）。

标准和编码的规范设计：管理流和业务流的规范；管理流和业务流的延续性和稳定性；标准的设计（平台标准、编码标准、库和表的设计标准、数据类型的格式标准、编码含义标准）。

数据库的标准化、统一化结构设计：统一设计、统一标准（各种习惯和设计惯性）、跨系统和平台的入口统一设计（统一身份及统一入口）、管理库的库设计、管理表的表设计、表中各类型键的设计、库与库之间的关系设计。

（2）统一身份认证系统

保证应用系统的安全性并且确定操作者身份和权限的方法必须包括身份验证和权限授权。一种常用的做法是针对每个应用系统单独开发一个身份验证模块，并采用不同的认证技术，确保每个系统的验证数据或数据库相互独立。尽管此方法行得通，但其使用不便，因为按照这种方法，每位用户需要为每个应用程序单独创建和设置账户，过程相当烦琐。需要设计一个通用的身份认证数据格式，以方便将来的拓展和修改。统一身份信息数据库能够简化在每个应用系统中独立维护身份信息的复杂流程，同时能提升数据的一致性和安全性。通过共享身份验证系统和用户界面，各应用系统可以协同配合，避免无用的重复开发，进而更好地满足应用需求。

3. 应用系统

应用系统涵盖校务管理、教学活动、校园社区服务等。

（1）校务管理

为了使高校得到良好的发展，我们需要实现高水平的管理。这牵涉许多不同的领域，如自动化的办公管理、人力资源管理、资产监管、财务掌控、决策支持以及档案归档等。要推进学校数字化学习环境的建设，就必须进行重大改革，具体涉及组织、管理方式、手段和机制等方面。办公方式需要采用基于网络的信息发布系统和办公邮件，以实现自动化和无纸化，传统的各种通知单将被逐步淘汰；通过公文运转系统，办公人员不用拜访多个职能部门，只需在网络上提交、传递和回复文件，实现办公流程的便捷化；学校需要开发多种管理信息系统，旨在为不同职能领域的信息提供编码、分类、存储、提取和共享的服务，以满足各领域的需求；学校需要应用多种数据库类型构建决策支持系统，为学校重要问题提供科学支持；通过信息共享数据库等方式，各职能部门能够更紧密地协作，从而实现更高效的协调配合。

（2）教学活动

信息技术在教学中的整合应用将带来教学模式以及教学管理方式的深层变革。通过开发和引进资源，建设各类网络教学课程和素材库。根据课程特点，建设虚拟或仿真实验，设计系列教学软件，构建海量教学资源数据库。建立满足学生和教师互动需要，且适应学生自主、交互、协同式学习，具有研究型教学功能的网络教育支撑平台和网站。教学管理数字化、信息化更为迫切，通过网络对学生的学习情况、教师的教学情况以及教学资源、教学设备、教务信息等进行全面管理，进一步的智能化将为学校的重大教育决策提供依据。科研信息管理系统将实现对科研项目从立项到结题的全程管理，可以包括合同管理、科研成果管理、辅助决策分析、信息共享及维护、网上信息发布等功能。

图书馆将自己原有的资源数字化，同时引进更多的电子图书、电子期刊以及网络数据库，并建立网络化的图书管理系统，为全校师生乃至校外的学生提供全天候服务（包括检索、预约、传递、浏览、信息服务等）。

（3）校园社区服务

校园社区服务是满足校园师生各种生活、休闲娱乐需求，保障校园设施安全、设备维护并进行公共设施管理等一系列综合性服务的保安系统。借助计算机网络，我们能够更加全面、方便、迅速地提供校园社区服务，同时可以推动服务的社会化发展。

校园社区服务包括如下内容：

校园一卡通和具有校园特色的电子商务。能够很好地解决校园电子商务中的支付问题，为全校师生的工作、学习和生活带来极大便利。

公用设施设备维护管理。可以了解用于教学、科研、管理的各种公用设施的状况，及时保修和维护，提高公用设施设备的使用效率，延长使用时间。

校园保安系统。可以对校园各区域实施监控，确保校园治安秩序及建筑、设备设施安全。

第六章　高校教学管理与教学融合发展的策略实践

本章讲述的是高校教学管理与教学融合发展的策略实践，从三个方面展开叙述，分别是高校教学质量监控体系的建设、高校教学质量评估体系的建设、高校教学质量信息检测反馈系统的建设。

第一节　高校教学质量监控体系的建设

一、高校教学质量监控目标体系建设

随着时代的发展和进步，各个国家越来越重视学校教育，作为人才培养和输出重要阵地的高等教育，更加受到重视。在高等教育发展的过程中，教学质量是核心内容之一，不断提高教育质量成为一个重要的研究课题。高等学校教育的质量保障既要考虑外部质量保障体系的作用，也要重视内部质量保障体系的建设。外部质量保障体系主要是政府对高等学校教育的宏观管理和政策指导，以及对高等学校教育的资源投入和支持。内部质量保障体系则是高等学校自身对教育质量的管理和监控，以及对教育质量的改进和提升。内部质量保障体系不仅受到直接因素的影响，如师资、课程、教学方法等，还受到间接因素的影响，如学生本身素质、社会人才需求、就业市场等。因此，高等学校教育的质量保障必须建立在全面质量管理系统的基础上，以校内的教学质量保障为核心，与外部质量保障体系相协调，共同推动高等学校教育的健康发展。

高校教学目标对教育质量有很大影响，质量目标建立在教学目标基础之上。因此，质量问题也在一定程度上反映出教学目标的问题。近些年中，我国高等教育系统不断尝试改革，高校秉承依法自主办学的理念，教育质量观念不断得到更

新，对教育质量的忠诚度也在不断提升，逐渐形成自我约束和自我激励的质量控制机制，这对于教学质量的提升而言十分重要。

我国政府部门提出了“四个全面”的战略布局，四个全面即全面建成小康社会、全面深化改革、全面依法治国、全面从严治党，这对于我国的未来发展有着一定的统领作用。通过近些年的发展我们可以发现，高等教育在推进现代化的进程中肩负着非常重要的使命，要想获得教育公平，首先要保证教育质量公平。

高等学校教育质量如何对于一个国家或地区的发展而言至关重要。要想提高教育质量，首先要确定一个合理且完善的目标体系。

（一）目标对高校教学质量的影响

在学校教育中，教学目标的设定历来都受到重视。教学目标是教学过程的灵魂，对学生的学习效果、教师的专业成长以及教学水平的提高有着至关重要的影响。只有教学目标清晰了，学生才会主动地去追求、进取和奋斗。目标设置理论也表明，目标对绩效的影响可以从以下几个角度得出：首先，目标可以指引人前进，它能够引导个体努力完成有助于目标实现的工作，避免个体在这个过程中浪费精力；其次，目标可以激励人，难以完成的目标比容易的目标更能够激励人们用更大的努力去接近目标；最后，目标影响坚持性，它能够激励人们持续不断地努力。

从以往的教学实践可知，对于学校教育而言，教学目标是教学活动的指导，教学目标要根据社会和企业对人才的需求进行设置，这样教学活动才能取得瞩目的成果，学校才能培养出符合社会和行业发展需求的人才。如果延续传统的应试教育目标设置，高校教育就会出现问题，人才的实践能力就无法满足社会的需求，学生在就业市场上也会遇到很大的问题。因此，我国高校的教学目标设置要以社会对人才的素质要求为基础。

（二）建立质量目标体系的注意事项

在高校的教育过程中，要想让教学质量目标符合社会岗位需求，从而发挥出其在教学活动中的引导作用，就要从以下两方面进行思考：

1. 以需求为依据确立教学目标

培养现代化生产所需的职业人才是学校教育的重要目标之一。为了实现这个目标，学校教学质量管理活动要充分考虑社会对人才的需求、学生自身的发展需求以及学生家长对学生的成长期望等因素。高校只有满足了这些需求，教学目标才能发挥应有的作用。从教学实践看，职业学院的教学最能印证这一结论。例如，学校在制订目标时，首先要深入了解和分析本地区和全国的社会经济发展状况，掌握各个行业的经济技术现况，仔细分析当前和未来的人才需求与趋势，总结社会人才需求岗位的素质要求以及职业能力变化，归纳岗位所需的能力需求。在此过程中，学校与企业要经常进行有效沟通，让学校、学生和企业彼此加深了解，从而确定培养目标和教学目标。

2. 以培养目标为依据确立教学目标

职业院校要想使教学目标设置有效，首先要调查社会上的人才和职业需求，分析职业对不同能力的需求以及该职业涉及的知识领域与相应能力，将教学与生产和生活实际相连，从而确定学校所要开设的课程、课题等教学总目标。也就是说，要以培养目标为依据确立教学目标，这种专门的针对性培养对于学生毕业后快速走上工作岗位、适应社会具有非常大的帮助。

教学目标是教学活动的指导和规范，在教学过程中起着重要作用。教学目标可以分为三个层次，即课程教学总目标、课题（或单元）目标和课时目标。这三个层次的目标应该有明确的界限、合理的顺序和良好的协调关系，课程教学总目标是由教育目标细化而来，决定了课程（或单元）目标的内容和方向；课程（或单元）目标是由课程教学总目标拆分而来，涵盖课程（或单元）的知识、技能、态度、能力等方面；课时目标是由课程（或单元）目标具体化而来，体现了每一节课的教学重点和难点。这三个层次的目标不仅相互联系，而且相互影响。上级目标对下级目标的制订有指导作用，下级目标对上级目标的实现有保障作用，各级目标通过不断的反馈和调整促进教学总目标的达成。教学目标的制订要遵循多维原则，涵盖知识技能、职业道德意识、个人发展、创业意识培养、情感和心理等层面。教学目标的多维性反映出人才培养的全面性、长远性和发展性，教学目标的设定不仅要适应学生当前所面对的岗位需求，也要顾及学生未来的职业发展，甚至要考虑学生转岗或创业的可能性，同时要符合系统性要求，只有这样，职业院校才能建立起科学合理的目标体系。

（三）质量监控目标体系建立的对策

在构建教学质量监控目标体系的过程中，通过理论结合实践，最终形成切实可行的监控体系，从而实现教学质量管理的规范化，提高人才培养质量。

先要确立教学质量的准则与标准，进而使用 PHP（超文本预处理器）语言建立一个监控系统平台，实现教学质量监控的自动化和网络化，把平台录入的数据通过数据库存入后台进行收集和分析，形成教学效果评价体系。

1. 建立教学质量准则与标准体系

为了建立教学质量准则与标准体系，我们应以现代教育思想为出发点，不断增强教育教学工作者和质量监督人员的质量意识，从不同的环节下手形成质量标准，并保障学校教学质量管理常态化运行。此外，高校要不断优化自身教学质量的影响因素，如师资水平、学生素质、教学条件和教学管理水平等；重视对外部因素的解读，如国家和地区的教育方针、政策、体制等。学校还要重视教学评价的科学性，以科学的教学评价反映真实的教学质量，形成有效的教学信息交流和反馈机制，使教学质量得到提高。

通常情况下，学校教学质量标准结构的建立要从组织保障、信息收集、质量目标、评价分析和信息的反馈与调控等角度进行。各个模块的功能如下：

组织保障的目的是教学质量管理活动的顺利进行，其重点是教学活动和质量管理活动的组织与协调。

信息收集就是从不同角度，利用不同方式收集教学信息并进行整理、分析和评估，形成科学的信息反馈，从而促进不同教学活动与其对应的教学目标之间的协调性的提升。

质量目标体系的设置基础是学校的各级人才培养目标，它是学校教学各个环节的质量目标的总和。教学目标根据教学的不同环节、不同内容进行分解，可以建立起全面的质量目标体系。

教学质量评价分析的标准来源是教学质量目标体系和教学评价体系，主要形式是专项检查与评价。

教学质量信息是指反映教学过程和结果的数据和信息，信息反馈与调控则是通过收集、整理、分析教学质量信息，发现教学质量的优劣和存在的问题。为了达到预期的教学质量目标，校领导需要根据信息分析的结果制定调控措施，由校长办公室或者教务处等相关部门执行，并对执行效果进行评估，保证教学质量的持续改进。

2. 建立教学质量监控方法体系

在学校教育中，建立一个教学质量监控方法体系非常重要，其内容主要包括以下几个方面：

（1）常规教学检查

教学检查是教学质量的重要保障，应该贯穿整个教学过程。教学检查的三个关键时期是学期初、学期中和学期末。学期初的教学检查主要从日常教学秩序、教学准备工作、教师和学生的出勤情况等方面进行，主要负责部门是各教研室；学期中教学检查的主要形式是自查，理论教学部也要随机抽取样本检查过去半个学期的教学质量；学期末教学检查的重点是考试风气、考试纪律。

（2）系级教学工作水平评估

系级教学工作水平评估有助于促进教学管理工作经验的提升，为教学管理工作改革提供动力，从而提高教学质量。

（3）课程评估

课程评估是提高教学质量的关键环节。为了优化课程设计，提升课堂教学效果，加强各级重点课程和精品课程的建设、管理和监督，高校有必要对重点建设课程实施定期的验收评估和结项评估。课程评估工作还要深入挖掘教学课程资源，不断总结课程建设的经验与方法，从而提高课程建设成果。

（4）实验室评估

为了提高实验教学质量，实验室评估工作必须坚持不懈。同时，高校要加大校级重点实验室的建设力度和管理水平，优化实验教学环境，强化实验教学改革，改变实验教学的内容与结构，增加创新性实验和综合性实验比例，促进实验室资源的开放与共享。

（5）试卷评估

试卷评估工作首先要明确工作的负责人，教研室主任要明确自己的责任，主动进行相关工作，保证试卷的质量，提升试卷对学生学习水平的检测能力。

（6）教研室评估

教研室评估工作是教学研究和改革的重要推动力。教研室需要承担教学建设、管理和改革的职责，从而保障教学工作质量的不断提高。

（7）学生学习质量评估

为了提高学生的学习效果，学校应该建立一个综合性的人才质量评价体系，既要考查学生的知识、能力、素质，也要考虑学生的个性、兴趣、发展。评价方式应该多样化，既有定量的考试成绩，也有定性的教师评语、同学互评、自我评价等。评价时间应该分散化，既有每学期的期末考试，也有每节课的课堂表现、作业完成情况等。

（8）教师课程教学质量评价

为了保证教师的教学水平，学校应该定期对教师进行课程教学质量评价，评价主体包括学生、领导和督导。对于评价结果不理想的教师，应该安排专家进行听课指导，给出改进意见和建议。如果教师仍然不能达到教学要求，则应该调整教学任务或岗位，以免影响学生的学习效果。

（9）教学信息监控

为了进行教学信息监控，学校要增加教学工作的透明度和公开性，利用各种渠道收集和反馈教学信息。同时，通过校园官网向学生展示各专业的课程计划和人才培养方案，提供精品课程、重点建设课程的教学大纲以及教学计划，让师生共同监督教学计划，从而提高教学质量。

二、高校教学质量监控组织体系建设

教学质量监控体系是学校教育的重要组成部分，完成相关工作的组织主要包括常规教学质量内部监控组织、教学质量督导团、教师组织和学生组织。全面质量管理理论认为，质量监控工作要全面参与，因此教学质量监控体系的组织中加入了教师组织和学生组织，它们没有固定的机构或部门，却是教学质量监控不可或缺的组织。

（一）常规教学质量内部监控组织

高校常规教学质量内部监控组织包括学校各级教学质量监控机构，以及教研室。目前，我国高校均设有这些机构。

（二）教学质量督导团

教学质量督导团是学校教学质量内部监控的专业机构，它不直接参与教学管理，而是独立地执行教学质量内部监控的职责。其主要作用是为教学提供支撑，并进行教学管理工作，从而提高教学质量，是教学质量监控的重要组成部分。其成员多在教学或教学管理方面掌握着扎实的理论和实践知识，具备高尚的职业道德和高水平的业务能力，能够为学校教学质量的提高带来很大帮助。

一般情况下，教学质量督导团的主要工作包括以下三项内容：

1. 反馈和参谋

教学质量督导团首先需要展开调查工作，调查的内容主要包括教师的教学、学生的学习情况，在此基础上发现教学工作中存在的各种问题，并向各个部门递送反馈信息，接下来参与和谋划学校的人才培养和师资队伍建设等工作。①

2. 督促和指导

教学质量督导团可以通过各种手段与措施来了解教师的上课情况和学生的学习情况，如听课、实践教学、查看学生作业和毕业设计等活动，这样能为教学活动的规划提供合理的依据。

3. 评价和建议

教学质量督导团的主要任务是考核和评价教学过程中教师和学生的表现与成果，并提出相应的建议，提高教学活动质量。

① 张振．高职高专院校教学质量内部监控体系研究［M］．北京：中国矿业大学出版社，2017.

（三）教师组织

教师是学校教育的核心力量，也是影响教学质量的关键因素，对于教学质量内部监控而言，教师组织的作用十分重要。教师组织监控的目的是把控学生的学习质量。

一方面，教师们定期举办各种教学研讨会，从自己的感受出发分析和评价教风和学风，共同讨论课堂教学中遇到的问题，并提出提高学生学习质量的建议。

另一方面，教师不仅要按照教学规范进行教学，还应该培养学生的综合素质。教师要了解学生的学习状况，与同事和教育管理者保持沟通协作，提高对学生的教育和管理水平。教师要注意自己的教学方法和学生的学习方式，不只是传授知识，更要传授学习技巧，这样才能有效地控制和提高学生的学习质量，使学生成为具备专业能力、实践能力和高尚品德的全面型人才。

（四）学生组织

在高校教学中，学生是教学活动的中心。高校教学应以学生为主体，以教师为辅导。学生组织在高校教学质量内部监控中发挥重要作用，包括学生会、各班教学质量信息员组织等。学生组织通过评教活动，对教师的教学态度、方法和内容等提出评价和建议，同时也反映自己对课程设计、教学内容和学习方法等方面的看法。学生评教活动有两方面意义：一是能够促进教师提高教学热情和质量，教师可以根据学生的反馈意见改进自己的教学水平；二是能够激发学生的学习积极性和自觉性，学生在参与评教的过程中，可以检视和调整自己的学习方式，优化学习策略，提高学习效果。在今后的教学活动中，学生评教需要注意以下三个方面的问题：第一，要明确学生评教的目的，教师和学生都要保持良好的态度；第二，要建立一个科学的评教指标体系；第三，要科学对待学生评教的结果，充分发挥学生评教的诊断和服务功能。通过这些组织活动能为教师的教学和学生的学习提供良好的保障，保证教学活动顺利进行。

（五）扁平化监控组织的构建

学校教学的组织与管理非常重要，一个良好的教学管理组织能保证教学活动合理有序进行，从而有效提高学校教学质量。在学校教学组织与管理中，少不了教学质量的监控，在构建高校教学质量监控组织时，需要注意这个组织的基本结构，即要致力于构建扁平化的监控组织结构。“管理跨度”与“组织层次”是组织管理学中的两个重要概念，前者指的是一个上级所对应的直属下级的数量的多少，后者指的是组织内的最高层和最低层之间的层次。一般情况下，稳定的组织管理跨度越大，组织层次就越少；管理跨度越小，组织层次就越多。这是学校教学质量监控组织的一个重要特点和规律，作为教师，一定要把握好这一规律。

在高校教学质量监控组织中，组织体系呈现出扁平状的结构。锥形组织结构的缺点是信息传递效率低，因为信息要经过多个管理层次才能到达目的地，会增加对质量需求信息的响应时间，导致信息在传递过程中出现偏差和错误。如果信息传递不及时或不准确，就会影响质量要求的实现，对教学质量内部监控造成阻碍，进而影响教学质量监控体系的运行和教学活动的顺利开展。

大量的事实表明，扁平状的组织结构能够在很大程度上提高受教育者需求的时效性和准确性，有利于高校教学质量监控活动的开展。

三、高校教学质量监控制度体系建设

构建一个科学和完善的高校教学质量监控体系有助于教学质量的提高。高校教学质量监控体系的核心是目标体系和组织体系，两者的平衡与协调主要依靠制度。教学质量监控制度体系建设的核心是教学质量监控体系文件的形成与完善。教学质量监控体系文件作为高校各个部门开展教学质量监控活动的“标尺”，其作用十分突出。一般情况下，我们可以将高校教学质量监控体系文件划分为以下五个层次，每个层次的内容都非常重要，需要引起重视。

（一）教学质量方针

高校教学质量方针是学校管理者对教学质量的理念和承诺的体现，是全体教职员工必须遵循的行为规范，也是学校总方针的重要内容。高校教学质量方针可以分为以下三项内容：

1. 质量宗旨

它表明了高校以什么样的态度和理念进行教学质量控制和监督工作。同时，它是学校对社会各界所进行的教学质量保证与承诺，体现了学校教学和人才培养的准则。

2. 质量方向

质量目标应该具有可操作性、可测量性和可评价性，能够反映教学质量的水平和特点。

3. 教学质量方针与学校总方针的关系与差异

教学质量方针是学校总方针的细化，应该与学校的发展战略和各方利益相关者的需求相协调。教学质量方针对于高校提高教学质量具有重要的指导作用，是学校教学质量控制和监督的行动指南，因此教学质量方针必须符合学校教学的实际情况，具备一定的科学性。

（二）教学质量手册

教学质量手册是高校教学管理的重要文件，对于教学质量内部监控机制的建立起到关键作用。教学质量手册是高校教学质量内部监控体系运行状态的反映。教学质量手册对于高校的监控活动和监控文件建设有着参考价值，因此它具有基础性。教学质量手册还需要具有系统性和整合性，以保证教学质量内部监控活动的有效实施。教学质量手册要保证自身与其他规章制度的一致性，不能出现相互矛盾的现象。教学质量手册为教学质量监控组织与活动的进行提供重要的文件保障，如果缺少它，教学监控活动就会显得无序，难以有效开展。

（三）教学程序文件

教学程序文件是教学活动的不同途径的集合，显示了高校教学质量内部监控活动的各个环节和各种程序。教学程序文件主要包括两部分内容：一是“5WIH”，即为何而做（why）、做什么（what）、由谁来做（who）、何时做（when）、何地做（where）以及如何做（how）；二是教学质量内部监控活动中使用的工具和原材料以及对教学质量内部监控活动的文件记录。这两方面都非常重要，在构建教学质量监控制度体系时要引起高度重视。

（四）教学作业文件

教学作业文件是一种教学质量手册和教学程序文件的支持性文件，也是对教学质量手册和教学程序文件的进一步细化和补充。具体而言，教学作业文件是指高校针对各部门的不同职责和分工而具体规定的各种工作要求和准则，主要用于阐明教学过程或教学活动的具体要求和方法。[①] 教学质量活动责任的划分和执行，应该在教学作业文件中加以明确，以免造成部门之间的职责空白或重复。教学作业文件一般分为规则和岗位作业指导书两种类型。作为教学管理人员，一定要加强学习和掌握。

（五）教学质量记录

教学质量记录是指高校所记录的教学质量活动执行情况，用以证明教学质量内部监控体系的有效运行。教学质量记录具有可操作性、可检查性和可见证性等特征，记录的内容中包含大量的客观证据，从而为教学质量监控活动提供重要的事实依据，对教学质量活动起到重要的预防和纠正作用。

除此之外，教学质量记录也为判断高校的教学质量相关活动是否有效提供了重要的参照标准，现已成为高校进行数据决策和制定改进措施的重要依据。

以上就是高校教学质量监控制度体系的五个层次，每个层次的内容都非常重要，需要引起高度重视。

四、高校教学质量监控指标体系建设

建立一个教学质量监控指标体系非常重要，对于教学质量的提高、学校教育的发展具有重要作用。作为学校教育工作者，一定要学会和掌握质量监控指标体系建设的方法，建立一个合理、符合教学实际的指标评价标准体系。

（一）指标体系的概念与作用

1. 指标体系的概念

指标体系是评价体系中的一个重要概念，包含评价的全部因素。指标体系的

① 张振．高职高专院校教学质量内部监控体系研究［M］．北京：中国矿业大学出版社，2017.

设计和规定决定了评价所依据的目标具体化和行为化的过程。

指标体系可以分为狭义和广义两种。狭义的指标体系仅由各个指标构成，而广义的指标体系涵盖指标的权重系数、评价标准以及对指标的描述说明。在进行评价之前，评价工作者要对评价目标进行明确和量化，使评价工作具有可行性，并设定指标体系中每个指标的权重和文字说明。指标体系在评价中的作用是判断目标实现的程度，设计指标体系的目的是确定评价的依据和范围，并将评价目标具体化和量化。

2. 指标体系的作用

指标体系的建设是教学评价工作的基础，更是评价工作的核心。如果指标体系建设没有完成，我们就无法进行相应的评价工作。指标体系不仅决定了我们评价的对象，还决定了哪些是评价的重点，哪些是非重点。由此可见，指标体系在评价工作中具有导向作用。指标体系能帮助评价者从不同的角度对对象进行评价，有效保证评价的客观性和科学性，从而发挥评价的反馈功能。比如，教师讲课质量的评价可以分解为教学内容、教学方法、教学态度、教学效果等主指标，而每一个主指标又可以分解为若干个亚指标，这样通过每一个亚指标，则可以发现教师的授课哪方面做得好，哪方面不够理想。这样得出的反馈信息才是有效和具体的，对教学质量的提高才有帮助。

教学质量评价是一个涉及多方面因素的复杂过程，在这个过程中，我们要使用不同的评价方式与方法保证评价客观准确。评价本质上是对某种事物的价值进行判断的过程。对于同一个事物，不同的评价者可能会有不同的价值观和评价标准，从而导致评价的结果有所不同。例如，在教育改革中，不同的学校有不同的侧重点，有的学校注重提升管理体制，有的学校注重提升教学。如果评价者只从宏观控制的角度或者人才培养的角度评价，就可能忽略其他方面的优劣。系统的复杂性导致其中包含多种影响因素，如果评价者缺少科学完备的指标体系，就无法完成分项评价，更无法保证评价的准确性和客观性，从而影响评价结果的价值。因此，设计指标体系必须保证客观性和精确性，这样才能得出合理和准确的评价结果。

建立一个合理的评价指标体系非常重要，在这一体系下，评价工作者可以实现良好的沟通与交流，从而得出理想的评价结果。在指标体系建设的过程中，人们的价值观念得到统一，进而对指标相应的权重有了统一的认知，这是评价一致的基础。由此可见，科学的分项评价必须建立在指标体系的科学化建设上。

（二）指标体系设计的原则与方法

1. 指标体系设计的原则

在设计高校教学质量指标体系时，需要遵循以下几个基本原则：

（1）方向性原则

高校教学质量评价应该以教育的性质和目标为基础，这是评价的基本原则，也体现了评价的方向性。相应的，教学质量指标体系的建立也要具有方向性。教育的性质和目标是培养社会主义建设者和接班人，使他们得到全面发展，具备社会竞争所需的综合素质，进而提高民族整体素质。因此，评价指标体系的设计要符合社会主义办学方向，反映教育事业的发展、改革和提高。评价指标的选择和权重的分配要有利于实现教育的性质和目标，避免片面性。不能只重视智育，忽视德育；不能只看考试分数，不看素质培养。

另外，在平时的教学中，对教师的评价也要克服评价不客观、工作态度不积极的表现，坚持正确的方向，提高教学评价的科学性和合理性。

（2）一致性原则

高校教学质量监控指标体系应符合一致性原则，即指标要与目标相吻合，不能背离目标的本意。这意味着指标体系不仅要具体可行，还要映射出事物的本质。

德育大纲中明确规定，中、小学的德育目标包括思想政治品质、道德品质、个性心理品质、能力四个方面，因此我们在确立德育评价的指标体系时必须以此为依据，对德育大纲所规定的四个方面给予具体化。

例如，评价学生的思想政治品质，可以从以下几个方面进行：学生对政治理论知识的掌握与理解、政治态度、人生志向等。评价学生的道德品质可以看这个学生是否遵纪守法、是否具有集体精神、是否尊重他人、是否重视公益等，还可以根据学生的具体行为来确定。总之，指标的确立一定要与目标相一致，不能相违背。

（3）系统性原则

评价体系的设计要重视系统的整体性、联系性和层次性，这三方面缺一不可。下面简单阐述教学质量指标体系设计的系统性原则：

①整体性

整体性指的是对评价对象的考核要全面，要从整体上来看，要包含所有重要内容，同时重视结果和过程；既要从人的角度进行分析，也要从物的方面进行阐述；既有静态的描述，也有动态的预测。当然，这并不等于可以忽略一些次要因素，在实际评价实践中可视具体情况而定。需要注意的是，在评价工作中不能以偏概全，否则就会导致评价出现误差。例如，如果只用升学率评价学校的教学工作，学校就会过分追求升学率，忽视对教学工作的改革。对教师的评价只看在课堂上教学如何也是不对的。教育具有系统性，其质量受到多方面因素影响，如果仅强调一种因素，系统就会失衡，对教学系统的运行有非常严重的负面影响。

②联系性

联系性是评价对象与其所在的系统的内部和外部联系，是评价的重要方面。例如，学校的评价不能忽视其招生对象、社会背景、地理位置等因素，这些都应该反映在评价体系中，确保评价合理有效。

③层次性

层次性是指根据评价对象之间的区别来制定相应的指标体系和评价标准。例如，重点学校和普通学校的办学要求不同，其评价指标也会有差异。如果忽视了这种不同，评价指标体系就无法真正抓住学校办学质量的核心问题。

（4）独立性原则

评价指标体系的设计应该遵循独立性原则，即各个指标之间不能有重复或相互包含的情况，每个指标所提供的信息都是不同的。这样做的理由有两点：第一，如果指标之间不独立，就会出现冗余指标，这些指标对于评价体系是无用的，而且使评价工作的难度和复杂度上升，降低评价的可操作性。第二，如果指标之间不独立，就会导致重复或相互包含的指标被多次计算，从而影响它们在权重集合中的分配，造成评价结果的偏差，损害评价的科学性和准确性。因此，独立性原则是评价指标体系设计的重要原则。

（5）可测性原则

可测性就是从科学研究的角度对教育目标进行量化，并通过可操作性的语言进行描述，使其内容能够通过实际的观察和测量进行分析与评价，从而得出相应的结论。总体来说，就是将抽象的教育目标具体化，使它具有直接的可测性。

思想品德是一种抽象的内在素质，它的性质和程度是无法被感知和计量的，它在头脑中发生的变化是隐秘的，无法被直接观察。但是，这种变化能够表现在人们的日常行为当中，通过观察人在特定场合的行为，我们就能明显感知到，从而使其具备可度量性。比如，理想教育是学校德育的核心，对理想教育效果的评价是很重要的一个方面。理想本来就是人类深层的内心世界，是属于深层的心理现象，是不可直接测知的。但我们可以转不可测为可测，即通过外显的行为去间接推断其内隐的实质。因为社会理想结构包含政治方向、人生观、个性心理品质三方面，同时学生的个人理想主要在日常的学习活动中表现出来，所以我们可以从政治思想倾向、人生价值观念、个性心理品质以及学习活动表现四个方面测评学生的社会理想。当然，还需对各方面再具体化，尤其是行为的具体化。比如，人生价值观念可以对集体奉献精神、公益活动表现、关心他人态度、艰苦俭朴作风、成才报国愿望等进行具体测评。

倘若探讨一个学科发展的方向是否具有意义的问题，显然，就其本身来说，它的意义无法直接衡量，因为意义是一个抽象的概念，不过我们可以从学科发展对社会发展的影响、对相关学科发展的作用等方面探讨其意义，把学科发展的意义充分地表现出来。

（6）可接受性原则

可接受性原则要求设计指标体系时从实际出发，按照具体的指标进行评价。一般情况下，需要注意以下几个方面的要求：

①原则性和实际性相结合

我们不能用德育目标的终极状态作为评价学生思想道德成长过程的标准，而要根据学生思想发展的阶段性制定适合不同年级的指标，并且要符合实际水平，不能过高或过低。

②区分性

指标要能反映出不同水平的差异，如果指标太容易或者太难达成，就不能有效地评价学生的学习质量，指标体系也就失去了意义。

③可行性

指标要有可靠的信息来源和数据支撑，否则就无法进行有效的评价。因此，在设计指标时，要保证其有足够的信息资源能够使用。

④经济性

指标要考虑人力、物力、财力的耗费和时间的限制，如果指标过于复杂或者耗费过多的资源，就要寻找替代方案或者重新设计。当然，这并不表示那些衡量起来比较耗费时间和资源的因素就不重要，在实际实施过程中，我们要综合多种因素进行指标的取舍。

⑤简明性

指标的量化方法要尽量简单易懂，不要过分追求精确度和复杂度，以免造成理解和操作上的困难。如果量化的方法过于复杂，就可能造成测量掌握程度不高或者对其理解不够深入，从而耗费过多的资源和时间。

以上几条原则是经过大量的实践证明的可以遵循的规律，是对指标体系设计者提出的具体要求。只要我们严格遵循这些原则设计指标体系，就有可能大大提高指标体系的质量，进而提高整个评价工作的质量。

2. 指标体系设计的方法

（1）目标分解法

为了保证评价指标体系的一致性，指标应当与目标相符合。在实际设计工作中，设计者可以采用目标分解法，总目标拆分出多个主指标。教育现象比较复杂，且具有多面性，因此教育评价就需要从多个维度进行。评价指标体系必须全面、系统、动静结合，对教育现象进行立体的评价。例如，很多教育活动本身比较复杂，单次对目标的分解也许无法达到测量要求，我们可以进一步将每个主指标拆分为多个可测的亚指标，必要时还可以继续分解。通过不断地分解目标，我们就可以构建一个完善的、可操作的评价指标系统。

例如，评价教师的授课质量时，我们可以从其教学的方法方式、教学的内容、对待教学的态度和教学成果等指标上进行分析，而每一个主指标又可以分解成若干亚指标。

又如，对于办学成效这一目标，我们可以分解为学生“学”的质量、教师“教”的质量、管理质量以及办学特色四个主指标，而每一个主指标又可以再细分，如将学生“学”的质量分解为德、智、体等，教师“教”的质量分解为思想工作、课堂教学、课外活动等。

（2）布鲁姆的“分类学”法

美国著名的教育测量学专家布鲁姆为了测验的需要，首先把教育目标分为认知领域、情感领域和动作技能领域，并具体提出了认知领域的分类。后来他又与其他人相继提出了情感领域以及动作技能领域的具体分类。这三个领域中的每个领域都由简单到复杂、以某些重点行为为标志的不同层次。

布鲁姆等人的分类学目前已被各国教育评价者和教育测量学者普遍接受，它不但开拓了人们对教育目标分类学及层次的认识和研究，而且许多著名学者参考布鲁姆等人的分类方法，再结合各具体教育领域和各学科的具体实际进行探讨。

实际上，布鲁姆的认知领域相当于我国的智育，情感领域相当于我国的德育和美育，动作技能领域相当于我国的体育和劳育。因此，我们在设计评价德、智、体、美、劳诸方向的指标体系时，也可以应用布鲁姆等人的分类与方法进行。比如，对于学科学习情况的评价可按照识记、理解、应用、分析、综合、评价这六类进行，即可按照这六个方面测验评价学生。

（3）问卷调查法

问卷调查法是设计者将设计好的指标通过问卷形式呈现给相关人员，让他们填写自己的信息，从而获得大量数据。其中，体现指标信息的方式可以是选择、排序或者补充。

（4）多元统计法

多元统计法是一种定量设计方法，它能从大量的初选指标中通过因素分析、主成分分析等技术，筛选出关键的指标或确定评价项目的基本结构。这种方法的优势是具有科学性和逻辑性，能有效地简化指标，消除指标间的重叠或者互容，从而将定性与定量完美融合在评价指标体系中。不过这种方法会出现大量数据，其处理工作比较复杂，所以必须采用电子计算机和统计软件包，需要一定的技术力量和技术条件，不过花费的人力、财力并不高。

由于多元统计各种方法的基本概念、原理和计算比较复杂，在此不详述，读者可参见、参考有关文献。这里主要介绍因素分析的一个应用实例。

因素分析是多元统计的方法之一，主要作用是将较多数量的因素压缩分类，把相关性较高而联系比较密切的因素分在同一类中，而不同类的因素之间的相关性较低。那么，每一类因素实际上就是一个指标或一个基本结构。其主要工作程序如下：根据搜集的数据资料求出各因素间的相关矩阵，从相关矩阵中抽取适当数目的共同因素，做因素轴的旋转，因子（即指标）的辨认和命名。

（三）指标评价标准的确立

指标评价的标准也可以说是教育评价的标准。根据指标评价标准，评价者才能完成对高等教育质量的测评。

指标评价标准通常以三种形式发挥作用：

第一种是临界点。例如，通过试卷评价某个学生学习是否合格，分数的临界点是 60 分。

第二种是规定。规定既可以是定性的，也可以是定量的。例如，学校设备条件好的标准是能很好地满足教学需要，学生自我要求发展水平优的标准是处处用高标准严格要求自己，说到做到，言行一致。

第三种是指在实际应用中往往会根据需要把定性标准与定量标准有机地综合起来。例如，学校设备条件指标就可以把前面的定性标准和定量标准结合在一起。

教育者在制定评价标准时，必须结合相关的教育理论，以教育性质和教育目标为依据，并根据综合评价的具体目的和评价对象总体的状态等因素制定出合理的标准，按照标准才能取得理想的评价效果。

1. 指标评价标准制定的原则

制定教学质量指标评价标准时，需要遵循以下几个基本原则：

（1）方向性原则

评价标准要具备指导教育活动的作用。例如，对办学性质和人才培养标准进行方向性指导，这样评价工作才能起到促进教学质量提高的作用。

（2）时效性原则

评价标准制定要与时俱进，在新的社会发展阶段，社会各界对教育的需求和期望与以往都不同，因此指标评价标准要符合新时期的教育需求。例如，评价学生，过去是把听话作为好学生的重要标准，而在全面素质教育的今天，则非常重视学生的个性发展与创造力。

（3）客观性原则

指标评价标准要适用于大部分情境和大部分人，因此要具有一定的客观性；否则，当情境变化或者当使用者发生变化时，对评价对象的评价就可能产生较大的误差，从而影响评价结果的一致性，这样的评价结果无法反映对象的本质。

（4）可行性原则

指标评价标准要有一定的原则，要符合实际情况；既要满足评价者对统一性的要求，又要贴合评价对象的客观状态。假若按照同一标准去评价各种不同层次的对象，即使评价结果再客观，人们也是难以接受的，是不具备可行性的。所以，应该根据不同层次、类别的评价对象制定相应的评价标准。比如，在教育评价标准方面，对不同年龄、不同年级的学生应该有所不同，应该分阶段、由浅入深地提出高低不同的要求。

（5）激励性原则

指标评价标准要能够激励评价对象，使其积极进取，明确改进的方向，强化责任意识，但必须防止评价后出现消极现象。

2. 制定指标评价标准的步骤

在制定教育评价标准时，可以按照以下四个步骤进行：

（1）成立评价标准编制小组

本小组的主要成员由执行评价标准的人员、有关的领导和被评价的对象代表组成。

（2）制定评价标准草案

制定这一草案时，要先做好必要的文献调研、现场调研等，确保标准草案拟定的正确性。

（3）草案试行的同时广泛征求意见

草案应当在具有代表性的单位试行，征求群众意见时，可以采取多样化的形式，如座谈会、问卷调查等。

（4）修订评价标准草案

在修订评价标准草案时还要听取群众的意见，这个工作应该在认真分析预试结果以及群众意见的基础上进行，这样才能更好地根据实际情况修订草案，使之更加合理。

第二节　高校教学质量评估体系的建设

高等教育评估是高等教育质量保障的重要手段，也是高等教育自我完善的有效途径。我国普通高校本科教学工作水平评估已经走过几十年的历程，取得了一定的成效，但也存在一些不足之处，需要不断改进和创新。我们应该借鉴国际先进的高等教育评估理念和方法，通过建立以对话为主要形式的评估模式、加强评估理论和实践的研究与交流、落实评估结果的整改与跟踪、完善评估制度、加强评估机构建设，从而使我国高等教育评估工作发挥出更大的作用。

一、构建对话式高校本科教学工作评估

我国社会主义市场经济体制不断完善，教育市场竞争日趋激烈，高等教育逐渐与社会融合，高等教育质量面临大众化进程的挑战。为了适应形势，我们应该借助教育部高等教育教学评估中心的建立，推动高等学校自主办学的发展，转变政府在高等教育工作中的职能和角色，发挥社会和市场的作用，构建政府、高等学校和社会三方的新型合作关系。这样可以保证政府制定和执行高等教育政策的效力，鼓励社会各界积极参与高等教育评估工作，让高校不断提升对自身工作和发展的约束能力，提高办学自主性。对于高校本科教学工作评估而言，我们可以努力构建对话式评估共同体，通过这种模式的建立增进多元化的评估主体之间的关系。

（一）对话式评估的定义

对话式高校本科教学工作评估旨在通过对话和沟通的方式，建立评估专家组与评估高校各方面（领导、行政人员、教师、学生）以及社会的良好互动关系。该评估方法尊重高校各主体的主体性，促进参与者形成动态的统一价值观，提升自我反思和自我发展的能力，维护师生的利益。对话式评估不是按照固定的标准或指标来对对象进行分析和评判，而是根据弹性评估指标，从各参与方的交流中获取信息，通过价值分析、研究和归纳，形成统一的价值观，并针对对象的特性形成方案。通过对话式评估，各参与方能够与高校共同发现问题，分析问题的成因与背景，并提出解决问题的方案。在对话式评估中，评估结果是评估专家组与被评高校协商确定的。对话式评估有利于提高评估专家组的评估水平，提高被评高校对自身管理与教学质量的把控，提高教学质量，维护师生的权利，并根据社会对高校教育的意见与期待改进办学方法，修正发展方向。评估过程中各参与方能够实现自评与他评、自律与他律的完美融合、相互促进。

（二）对话式评估的内涵

对话式高校本科教学工作评估的基础是评估双方之间建立良好的互动关系。良好互动关系的建立并不是评估的目的，它是评估的有效方法，可以帮助双方形成统一的价值观，实现对话目的，并提高评估效果。评估双方的组成者都是具有自我意识的人，因此他们所形成的评估整体和被评估整体也具有人的特性。只有在宽松的环境和自由的空间中，评估工作才能顺利进行，达到目的。此外，高等教育大众化的一个重要特征是多样化和个性化，高等学校必须展现自己的特色才能更好地发展。对话式高校本科教学工作评估倡导评估参与方之间的平等对话，这一点正符合高校个性化发展的需求，有利于激发双方在评估活动中的主动性和积极性，从而使其个性化发展。

对话式高校本科教学工作评估的本质在于在评估活动中统一价值观的形成与变化的整个过程。评估要建立在对事实的评价和判断上，是对对象价值的分析与评价。统一价值观的建立是保证评估结果能被参与者接受的前提。价值观的建立受到生活背景、人生经历和实践经验的影响，文化背景也有着潜移默化的影响作用。因此，统一价值观的形成需要漫长的时间与充足的交流和沟通，强行统一各参与方的价值观念是无法成功的。统一价值观的形成必须依靠参与者在评估过程中的交流，这是参与者价值观的碰撞与交融，也是价值观重构的过程。对于对话式评估而言，缺少良性互动就无法建立统一的价值观，也就无法完成最后评估结果的统一。

对话式高校本科教学工作评估的核心是促进评估各参与方的自我反思和自我管理。为了实现这一目标，评估者和被评估者需要建立基于价值共识的良好互动关系。“评估就其实质来说乃是一种反馈监控机制，包括‘他律’和‘自律’两个方面，每个人都要以他人为镜，从他人这面镜子中观照自我，但发展的成熟主要应建立在自律的基础上，他人评价旨在建立和完善自我调节机制。”评估的作用就在于培养对于“他者”及“差异”的敏感，同时激发“自我觉醒与反思”，发现自己思维的盲点和无形的“墙”的限制，然后自己想办法跳出来。[①]评估者和被评估者在传统的评估中往往只有单向的关系，评估者只关注被评估者的教学工作是否达到预期的标准，而忽略了自己的管理工作是否有待改进，以及自己的评估方式是否对被评估者有积极的影响。对话式高校本科教学工作评估强调评估双方的互动和协作，强调双方在评估中都能够得到认可和尊重，强调双方都能够通过反思和沟通提高自己的能力和水平。对话式高校本科教学工作评估不是单方面地施加影响，而是双方共同参与评估工作，评估结果是双方共同努力的产物。通过评估，被评估者能够优化和提升自己的教学工作，而评估者也能够收集和分析大量有用的数据，从而改进和提高自己的管理工作。

（三）对话式评估的步骤

对话式高校本科教学评估工作吸取了不同教育评价模式的优势，形成了满足自身工作与发展需求的评估步骤。在实际工作中，这些步骤的顺序和具体内容并非不可改变，有时还需要重复整个过程。

1. 高校自我评估

高校要按照国家的宏观评估指标组织本校师生进行自评工作，自评中发现的

① 柳夕浪. 论课堂教学的对话式评估 [J]. 教育科学研究，2004（1）：3.

问题也要通过实施方案的指导进行整改；对于评估指标中与本校发展实际不相符的内容，高校要通过代表会议提出并进行汇总。

2. 专家组首次进校考察

评估中心机构随机抽取评估专家组成团队，与高校商议进校考察日程。在考察过程中，专家组要协同高校对原指标和高校提出的修改意见进行商讨，最终制定出符合高校发展情况和当地社会与经济背景的具有针对性的评估方案。

3. 高校评建阶段

在新的指标体系形成后，高校组织本校师生对教学工作进行检查、反思与改进，提高教学内容的合理性，提高教学效率，倾听社会对高校教育工作的期望与建议，广泛收集社会各界对于高等教育的需求，进一步完善教育评估制度，建立评估小组，加强评估工作的组织与协调，从而保证评估制度长期有效地运行。

4. 专家组第二次进校评估

评估中心随机抽取评估专家，本次专家组成员与首次评估专家组成员之间的重复率不能超过一定值。专家组查阅相关资料，并与教师、学生和社会人员展开谈话或召开会议，了解高校的具体情况，对相关数据进行核实。专家组还要负责对评估中出现的疑问、师生的建议和社会的建议进行答疑和澄清，对发现的问题进行追责，相关过程要进行录像。

5. 教育部组织专家“汇评”

教育部牵头组建专家团队，团队中要有被评高校的人员以及学科专家、进校考察专家。专家团队分析学校的自评材料、两次考察形成的评估材料和评估答辩材料等，针对各个指标进行打分，最终综合各项分析得出最终的评估结论。

6. 对外公布评估结果

评估的最终结果以及在评估过程中形成的个性化评估指标、高校自我评价结果报告、最终的答辩实录都是需要公开的内容。通过这些材料，社会各界可以了解教学评估的始末，主动参与高校评估工作。

7. 全面整改落实

评估结束后，高校要总结评估的意见与建议，结合社会各界对高校的办学期望与需求进行整改工作，扬长避短，制订切实有效的整改计划，并将阶段性整改报告提交给教育主管部门。

二、加强本科教学工作评估理论研究，扩大国际交流

教育评估理论是指导教育评估实践的基本原则和方法，对于改革教育评估思维方式、改良教学评估指标体系、形成良好的教育评估文化、指导评估实践过程、完善教学评估方案、生成先进的评估技术和手段等具有重要的作用和意义，是教育评估发展的根本保障和动力。因此，在我国高等教育评估实践超前于理论的现状下，相关专家和学者必须高度重视教育评估理论研究，加强理论建设，从而使教育评估理念更加先进，促进本科教育教学评估工作的提升。

社会主义市场经济的发展和高等教育的普及对我国高等教育教学评估理论的建设提出了新要求。我们应该根据我国的国情，借鉴国际先进的评估理论、技术与标准，探索适合我国高等教育教学评估的规律和方法。具体可以从以下几个方面进行：第一，从哲学、社会学、管理学、法学、教育学、心理学基础等学科视角，研究高等教育教学评估的本质和属性、目的和作用、结构和功能、过程和效果；[①] 第二，探讨社会主义市场经济条件下政府评估、社会评估、高校评估之间的关系和特点，并以此为基础，结合实际情况，建立科学的、具有前瞻性和导向性的分类质量标准和评估体系；第三，根据我国高等教育的实际情况和未来发展方向，归纳出符合中国国情的高等教育教学评估的基本原则，提出提高教学质量的意见，充分发挥教学评估对高等教育质量提升的作用。

我们应该在发展本土化评估理论的同时，加强与国际评估界的交流与合作，将我们的研究纳入世界高等教育评估理论的框架中。在过去的几十年里，我国积极参与一些国际专业性评估组织，并取得了一定的成果。1983 年，我国加入国际教育成就评价协会，成立了中国国际教育成就评价中心；1991 年，在香港召开的国际高等教育质量保障学术会议上，建立了“国际高等教育质量保障机构网络”；1996 年的北京会议上，中国高等教育评估研究会作为团体成员加入网络。[②] 我国

① 康宏．我国高等教育评估制度：回顾与展望［J］．高教探索，2006（4）：20-22.
② 周远清．把什么样的高等教育带入 21 世纪［J］．中国高等教育，1996（1）：4-9.

高等教育界可以借鉴和学习世界教育质量评估与保障的最新信息与经验教训，提高自身的水平和质量。同时，我们应该关注国际高等教育评估理论与实践的发展趋势。在这一方面，美国高等教育评估指标与标准建设一直处于世界前列，我们应当重点进行分析和学习。高等教育的国际化要求我们加强与国际评估组织及各国高校的交流与合作，积极参与国际高等教育评估的主流活动，提升我国的理论研究能力和水平，尽快完善我国高等教育本科教学工作评估制度，缩小与世界高等教育评估发展的差距。在借鉴国外先进的评估理论和实践成果的同时，我们应该考虑我国的特殊国情，避免盲目复制。我国高等教育是在本国特色下发展起来的，如果照搬外国的经验与方法，很可能会对高等教育发展起到反作用。我们应该坚持有民族特性的价值取向，努力构建中国特色的评估理论体系。在未来的世界一体化和多元化的背景下，只有既符合国际水平，又体现民族特色，我们才能在世界高等教育评估体系建设与发展中发挥重要作用。由此可见，我国高等教育评估工作必须符合本国的发展国情，建立在中国特色社会主义发展基础之上，对相关的教育评估理论和原则进行详细的分析和阐述，同时在其中融入国外先进的教育评估理论，构建出具有中国特色的理论体系。

在今后的长期发展中，我国高等教育教学评估不但要发扬优秀的工作经验，还要从国外的先进理论和实践中汲取精华，改进自己的评估工作理论与方法，不断进行创新和探索，形成符合我国高等教育发展趋势和现状的评估理论体系。

三、加强评估整改，巩固并深化教学评估成果

整改是本科教学评估工作的重要组成部分，是实现教学评估目标的手段之一，是促进高校教学质量提高的必要措施。因此，加强教学评估的整改工作，发挥其在本科教学评估中的作用，对于提高本科教学评估的效益有着十分重要的意义。

（一）受评高校要加强评估整改工作

教学评估工作结束时，高校应抓紧时机，根据评估结论和专家意见对学校的教学相关工作进行深入且及时的整改。首先，被评高校要重视整改工作，充分认识到整改是教学评估过程的一部分，杜绝评估结束后就“万事大吉”的心态，从而推进教学工作的建设。其次，被评高校要明确整改思路，反思专家组反馈的问

题和不足，根据专家组提出的意见和建议，制订整改计划、整改方案和整改措施。同时，要注意计划的可行性、方案的合理性和措施的科学有效性。最后，高校要持续关注整改工作，检查整改工作是否合格，监督整改方案是否认真落实，及时发现整改过程中的问题并进行研究，提出相应的解决方法。同时，高校要做好准备迎接教育部专家对整改工作的监督和评估。整改完成之后，高校要生成相应的整改报告交由相关部门进行审查。

（二）教学评估中心要加强对评估整改工作的评估

为了提高教学评估的效果，高等教育教学评估中心应该建立一套完善的评估整改跟踪机制。一方面，要加强对评估专家队伍的建设和管理，增强他们的整改意识和能力，使他们能够认真负责地完成评估整改的指导和监督工作，确保评估整改与评估进校考察相互衔接、相互促进；另一方面，高校完成整改工作之后，要安排专家进校对整改工作进行评估和检查，保证整改方案落实，推动高校将评估整改作为提高教学质量的重要手段，不断完善教学体系和教学管理。

（三）通过整改巩固发展评建成果

在评估活动结束后，高校不仅要整改评估中发现的问题，还要将评估活动的作用发挥出来，提升整改活动的效果，巩固发展水平。高校内部通过“以评促建”不断提升对教学工作的重视度，将教学工作作为学校建设和发展的核心，从而进一步完善教学规章制度与教学管理制度。在教学整改活动中，学校能够加大对教学资源的投入，逐步优化办学条件，将办学中心逐渐转移到教学上。行政部门和后勤部门可以增强教学服务意识，不断提高自己的服务能力和主动性。高校必须在整改的同时加以巩固和发展，对教学工作常抓不懈，努力提高教学质量。

（四）通过整改健全高校内部教学质量监控体系

为了进一步完善高校的教学质量监督管理体系，高校需要在评估整改的基础上建立高校自主的“自我评估”常态化机制。通过“以评促建”的方式，形成自己的质量保证和监控体系，从而保证评建工作长期进行，保证日常评建工作有迹可循，让教学质量监控工作能够落实到教学活动的细节和阶段中。实际上，教学质量的持续提高最大的动力是学校全体成员的共同努力，外部监督仅是一种督促，无法对每个学生和教师产生作用。为了实现学校的自我完善和自我发展，必须在学校内部建立有效的质量保证和监控体系。学校要建立一个能够持续促进教学质量提高的长效机制，将评估和整改中发现的有利于教学质量提高的方法和制度落实到日常教学中，形成规范，激发学校自我完善的动力和积极性。

从以上分析中可知，学校自我评估与建设、专家进校评估与评估后的整改环节是有机的整体，缺少任何一个环节，评估工作都无法发挥自己的作用。因此，在实际工作中，评估双方必须摆正态度，重视评估过程与整改工作的落实，保证整改工作的质量，从而真正促进教学工作质量的提高。

四、建立元评估机制，确保高等教育教学评估的质量

为了保证高等教育评估的正向作用，有必要同时进行元评估的探索并不断改进相关工作，加强对评估机构和评估人员的监督资格审查。元评估工作并不是重复进行评估工作，而是针对评估工作本身进行价值判断和审查，从科学性、实用性、有效性和与实际的贴合度等角度进行评判，逐渐改进评估工作的理论与方法，从而充分发挥评估对高等教育质量的正向促进作用。元评估体现了评估制度的完善和开放，也是评估活力的重要表现。元评估是从评估工作的本质和内涵出发所建立的机制。元评估工作验证了评估的成败，也检验了评估的结果是否科学合理，在现代教育评估工作中，元评估工作具有独特的意义。

（一）元评估的主要内容

高等教育教学评估现行的政策是否可行、目的是否明确，评估指标体系和评估标准是否完整科学，评估中介机构是否健全合格，评估专家的遴选是否科学合理，评估过程是否规范公正，评估信息的采集是否真实可靠，评估方法和模型是否科学可行，评估结果的信度和效度如何，评估结果的可接受程度如何，评估整改工作是否到位，评估成本的投入与产出是否平衡等，都是高等教育教学评估中元评估的任务范畴。概括起来说，元评估的主要内容就是对教学评估政策方针的再评价、对受评高校的再评估（包括高校提供的信息的准确性、高校的实际办学水平等）以及对评估中介机构的评估行为进行鉴定。由于教学评估活动总是不能

做到十全十美，元评估就显得十分必要和重要，每次评估结束后，应该及时地对评估活动进行评价，以便弥补评估工作的不足。

（二）元评估的主要程序

元评估的实施程序与其他的评估活动类似，包括以下程序：第一，要明确评估对象和确定评估方案。评估对象应是教学评估相关的一切要素，包括原评估活动中的相关人、物、情感、环境等，并根据研究对象设计合理可行的评估方案，包括设计评估指标及标准。第二，为元评估活动选择合格的专业人才组成元评估专家组，元评估专家与评估专家一样，需具备高尚的思想道德修养、丰富的评估理论知识、娴熟的评估技术和方法等，最好是受过专门教育的元评估研究人才。第三，采集教学评估活动相关的信息资料，可采用观察、访谈、问卷调查、个案分析、查阅文献等方法，按照评估方案需求进行资料搜集，同时要注意资料的全面、系统、准确以及具有代表性和典型性。第四，系统搜集、分析原评估活动的材料和评估结果，严格按照元评估的原则和标准对材料进行客观公正的评价。第五，依据元评估的理论分析，对原评估活动的真实价值作出科学判断，并作出元评估结论。在结论的处理上，既要注意通过资料的分析汇总进行定性描述，又应对一些数据资料做定量的分析与综合。第六，帮助政府、高校和评估中介机构等评估活动的利益相关者理解和应用元评估结果。

（三）元评估机构的建设

高等教育评估的客观性、公正性和科学性受到多种因素影响。为了提高评估质量和可信度，我国有必要建立元评估机构，作为政府的专业机构，负责对评估机构的工作进行复核和抽查，防止评估机构出现道德风险。元评估机构的活动经费主要由政府负担，人员组成主要是评估专家，同时需要接受政府对其监督。这样，元评估机构、评估机构和政府之间形成了一个互相监督的闭环。元评估机构对于保证评估机构的水平和声誉、维护各方利益相关者的权利、规范教育评估体系的运行等发挥了重要作用。

总之，元评估在我国还是一项全新的评估方式，是一个全新的领域，还需进一步地研究和探讨。因此，在将其引入我国高等教育质量评估体系的同时，一定要注意结合我国国情和高等教育体制特色，科学、谨慎地加以利用，使其对我国教学评估工作产生切实积极的作用。

第三节　高校教学质量信息检测反馈系统的建设

为保证高校教学质量，建立一个教学质量检测反馈系统是非常重要的。系统论和控制论认为系统的优化离不开反馈信息的及时获取和分析。控制论的一个基本概念是反馈，指的是控制系统中信息的回路。信息从系统的输出端传递出去，然后将信息的反馈信息传递给系统，从而影响系统之后的信息输出，以实现对系统的引导和纠错。通过这种方式，系统可以持续进行自我调节，消除偏差和误差，达到控制的目标，优化控制自身系统。

教学活动是由教师和学生共同参与的过程，学生是教学的中心，教师和学生的信息交流是影响教学效果的关键因素。教师要想掌握师生之间交流的情况，就要重视信息反馈，在课堂上，反馈也是调节课堂进度的重要手段。为了保证教学活动的质量，教师需要及时收集和分析教学反馈信息，根据反馈信息对教学活动进行调整和优化，从而提高教学水平。因此，教学质量检测反馈系统是教学质量提高的关键，我们应当关注其科学性和有效性，从而进一步发挥反馈对教学系统的优化作用。

伴随着我国高等教育的不断发展，高校的教学质量检测反馈系统建设也得到完善，更加具有针对性。教学质量检测反馈系统是学校教育持续改进的有效途径。教师可以通过多种方式收集教学反馈信息，如课堂互动、作业点评、考试成绩、督导评价、同行意见、学生反馈、实习单位建议等。教师应当对这些不同渠道的信息进行细致的归纳和分析，提取有用的信息，为提高教学质量提供必要的依据。

一、课堂教学过程中的信息反馈

课堂教学是教师与学生互动的重要场所，教师要充分利用这一机会，关注学生的反馈信息，及时调整教学策略，提高教学质量。反馈信息主要有两种形式，即言语反馈和非言语反馈。言语反馈是指学生通过口头或书面的方式，表达对教师教学内容和方法的理解、评价和建议。非言语反馈是指学生通过面部表情、眼神、肢体动作、声音等方式，传递对教师教学的情感和态度。教师要善于捕捉和分析这两种反馈信息，从中获取学生的思想动态和学习需求，为优化教学设计和实施教学提供依据。

课堂提问是一种常用的获取言语反馈信息的方法，它可以鼓励学生主动参与教学活动，促进学生的思维发展，也可以检测学生对教学内容的掌握程度和存在的问题。教师要注意提问的质量，根据不同的教学目标和内容，设计不同层次和类型的问题，让每个学生都有机会回答。同时，教师要给予学生充分的思考时间，鼓励学生自由地发表观点，从中吸取建议，这样才能全面收集学生对课堂教学的反馈信息，改善自己的教学方式。

除了课堂提问外，教师还要重视非言语反馈信息的收集和分析。非言语反馈信息往往比言语反馈信息更真实和直接，可以反映出学生对教师教学的兴趣、满意度、信任度等方面的感受。教师要注意观察学生在课堂上的表情变化、眼神交流、姿势调整、动作频率等细节，从中判断学生是否专注、是否理解、是否有疑问、是否有困难等。如果发现学生出现无聊、厌烦、困惑、紧张等不良情绪或态度，教师要及时采取措施，如改变教学节奏、增加互动环节、使用多媒体辅助等，调动学生的积极性和主动性。

二、教学专家和同行的课堂教学评课的活动反馈

通常情况下，课堂教学评课的方式有很多种，如同事共同研讨评课、专家评定等。在这些不同的评课活动中，教师可以获得改善自身教学方法的信息，从而不断提高自己的课堂教学质量。

三、学生评教

学生评教是从学生的听课体验的角度对教师的教学能力、教学态度和教学效果等进行的评价。

对于教学质量检测反馈系统而言，学生评教的作用不能忽视。学生评教是了解教学质量的重要信息。通过学生评教的信息，高校可以了解教师教学的方方面

面，从而为教师的教学改革提供有效的帮助，促使教师改进自己的教学缺陷，优化教学方法，立足于现代社会发展对高校教育的要求改进教学模式，从而提高教学质量。

下面以学生评教的信息反馈为例，讲述教学质量信息检测反馈系统的实施过程。

（一）建章立制，落实措施

为了提高教学质量，提升师生满意度，学校坚持实行教师、学生和管理者共同参与的评价机制，这是学校的一贯原则。为了让学生更积极地参与教学建设与改进工作，表达自己的意见和建议，改善自己的学习环境，学校应当积极进行学生教学信息反馈与处理制度的建设工作。在教学实践当中，该制度要不断地根据实际情况和师生的反馈进行调整和完善，以适应不同阶段和不同层次的教学工作改进需求。制度首先要明确学生教学信息反馈与处理工作的目的、意义与原则，信息反馈的对象范围，信息处理的要求，操作程序和管理方式等内容。同时，要制作好相应的文件模板，便于学生展开相关工作。制度实行初期，为了收集学生的意见和建议，学校可以在宿舍楼旁设立教学信箱、规定教学督导接待日、开通教务处网信箱。随着网络技术的不断发展，为了提高效率和便利性，学校通常使用网上信箱和网络处理平台收集和处理学生的信息。这样一来，无论是在课堂上还是在课堂外，无论是在校园内还是在校园外，无论是个人还是集体，无论形式是正式的还是非正式的，只要有关于教育教学方面的问题或建议，学生都可以通过网络平台进行反馈。网络渠道的开通无论是对于问题的及时发现、快速响应、有效解决，还是对于建议的认真听取、积极采纳、合理运用，都能起到提高效率的作用。师生之间、督导与管理者之间、管理者与师生之间的信息交流和沟通也变得更加方便快捷、顺畅有效。

（二）组建高素质的学生信息员队伍

为了提高教学质量，学校应组建学生信息员队伍，相关成员由各年级和各专业、班级的优秀者担任，以保障教学信息反馈及时有效。学生信息员的主要职责是收集和反馈同学们对教学的意见和建议，按照“学生教学信息反馈单”中的评价标准，定期向学校汇报教师的教学水平、管理效果和学生的学习状况。学生教学信息员要认真履行自己的职责，及时向学校反映教学现场的真实情况，帮助学校改进教学方法和管理水平。此外，为了保障学生信息员有效收集和整理学生的信息，学校要定期组织培训，邀请专业教学督导对队伍成员进行培训，增强其工作意识和能力，使其掌握工作方法。

（三）重视信息处理，促改力求实效

学校督导委员会要及时处理学生信息，安排合适的人员主导和组织相关的信息收集和处理工作，重视信息处理工作的各个环节，对收集的信息进行科学的处理和归纳总结，并及时进行反馈。

如果教师在学生评价中得到了较高的肯定，教学督导会就要提出表扬，并通过“学生评教摘录”的制作来汇总优秀教师名单以及评价内容，将其公开发表，鼓励优秀教师不骄不躁，继续改进，激励其他教师主动学习优秀教师的典型教学方法和模式，促进教师之间的互相交流与学习。

对于学生在评价过程中形成的意见和建议，相关工作人员要进行整理并形成反馈信息表，匿名发送给教师及学院。学院要督促教师根据学生的建议进行改进，从而不断提升教师的教学能力，促使教师不断进行总结和反思。在教学实践中，很多教师能够做到在课后主动听取学生的建议和意见，并及时改进自己的教学方法。

对于学生提出的对教学和学生管理以及其他方面的反馈信息，相关工作人员要及时进行整理，并将相关信息公布在教学信息处理平台上，便于相关部门进行处理和回复。同时，工作者要将纸质文件收集起来交由校领导和部门进行查阅。督导委员会要重视对学生意见和建议的回复，不能忽视任何一件小事，并且要做到事事给予处理。在处理学生的信息的过程中，相关人员还要注意核实学生反馈信息的真实性，防止因为主观原因造成与事实偏离，要摆正处理信息的态度，不断提高教学和学生管理水平，不断追求新的高度，以正面、积极的回应激励学生积极参与校园建设和教学改进工作，并保持与学生的良好沟通。

为了激发学生信息员的积极性，学校应该实施有效的激励机制，定期对优秀的学生信息员进行表彰和奖励。学生信息员在平时的学习中要花费一定的时间和

精力收集、整理和撰写教学信息，为教学改进提供有价值的反馈。在工作中，学生能够感受到自己工作的意义和效果，从而提高工作热情。此外，学校可以设立优秀教学信息员奖项，重视评价学生信息员工作的质量，定期举行表彰会议，对表现突出的优秀教学信息员给予奖励和肯定。

参考文献

[1] 周兴国，李子华．高校教学管理机制研究 [M]. 合肥：安徽人民出版社，2008.
[2] 广东省高教局教学处．高校教学管理的实践探索 [M]. 广州：广东高等教育出版社，1994.
[3] 孙杰，张济荣．高校教学管理创新与探索 [M]. 开封：河南大学出版社，2003.
[4] 刘思延．高校教育教学管理实践与创新发展 [M]. 哈尔滨：哈尔滨出版社，2021.
[5] 郭晓雯．高校教育教学管理创新发展研究 [M]. 北京：北京工业大学出版社，2019.
[6] 刘萍萍，何莹．现代高校教育教学管理现状与创新发展 [M]. 北京：中国原子能出版社，2021.
[7] 范杰，魏相君，敖青泉．信息化视角下高校教学档案的建设与管理 [M]. 长春：东北师范大学出版社，2019.
[8] 杨树勋，马连湘．高校教学与教务管理 [M]. 北京：化学工业出版社，1995.
[9] 赵文辉．高校教学质量保障问题研究 [M]. 北京：中国人民公安大学出版社，2009.
[10] 石恒真，刘湘玉，陈文涛，等．高校教学质量保障与监控的理论与实践 [M]. 开封：河南大学出版社，2008.
[11] 张文嘉．高校教育教学管理制度体系的建构——评《本科院校教学管理创新与实践研究》[J]. 中国高校科技，2022（3）：97.
[12] 陈颖．大数据时代高校教育管理的变革与创新——评《素质教育背景下高校教学管理制度改革的研究》[J]. 科技管理研究，2022，42（6）：255.
[13] 王亚平，程亚伟．本科院校教学管理队伍信息素养提高路径研究 [J]. 产业与

科技论坛，2022，21（6）：217–218.
[14] 童建华 . 信息化背景下高校教学管理中的资源共享研究——评《“互联网 +”背景下信息化教学资源共建共享与服务》[J]. 中国高校科技，2022（Z1）：137.
[15] 黄俊淇 . 计算机与 Web 技术在高校教学管理中的应用 [J]. 无线互联科技，2022，19（4）：95–96.
[16] 寇佳佳，武欢欢，许可 . 高校本科教学管理标准化体系研究 [J]. 中国标准化，2021（24）：160–162.
[17] 黄红卫 . 高校教学管理存在的问题及改革策略 [J]. 郑州铁路职业技术学院学报，2021，33（4）：103–105.
[18] 申静波 . 网络时代高校教学管理体系的实用性改革探讨 [J]. 现代职业教育，2021（52）：168–169.
[19] 杨静，王喜魁，赵春玲 . 应用型高校在线教学质量保障体系实践研究 [J]. 现代职业教育，2020（36）：144–145.
[20] 黄令，阳佳耘，蒲智勇 .2020 年我国高校本科教育质量保障的发展动态与政策启示 [J]. 大学，2020（31）：11–13.
[21] 冯天慧 . 高校线上教学质量保障研究 [D]. 呼和浩特：内蒙古农业大学，2022.
[22] 张帅帅 . 基于全面质量管理理论的高校教学质量保障路径研究 [D]. 石家庄：河北科技大学，2021.
[23] 孙洪亮 . 高校教学管理能力成熟度模型构建研究 [D]. 长春：长春工业大学，2019.
[24] 张忠意 . 我国高校慕课教学质量保障研究 [D]. 长春：吉林大学，2019.
[25] 杨思佳 . 高校教学管理云平台的设计与实现 [D]. 南昌：江西财经大学，2019.
[26] 潘洁 . 高校教学管理信息系统建设与应用分析 [D]. 绵阳：西南科技大学，2017.
[27] 陈晨 . 高校教学管理系统的设计与实现 [D]. 济南：山东大学，2017.

[28] 郭天华 . 基于学生满意度的高校教学管理创新研究 [D]. 南昌：江西师范大学，2017.

[29] 潘烨梓 . 基于过程管理的高校教学管理系统研究 [D]. 武汉：湖北工业大学，2017.

[30] 宋晓洁 . 民办本科高校教学质量保障体系研究 [D]. 桂林：广西师范学院，2017.